Frontispício original de Guy Girard com a seguinte inscrição no verso:

Michael Löwy oferecendo "o sol negro da melancolia" a Karl Marx,
sob o olhar de uma sereia carregada pelo golem da Ilha de Páscoa,
acompanhada pelo cachorro de Benjamin Péret.

12 de julho de 2022 (edição única)

MICHAEL LÖWY

MARX, ESSE DESCONHECIDO

TRADUÇÃO
Fabio Mascaro Querido

© Michael Löwy, 2022
© desta edição, Boitempo, 2023
Traduzido do original em francês *Marx inconnu*, originalmente publicado, em julho de 2022, por Éditions Le Retrait

Direção-geral Ivana Jinkings
Edição Frank de Oliveira
Coordenação de produção Livia Campos
Assistência editorial Allanis Ferreira
Tradução Fabio Mascaro Querido
Preparação Ana Mendes
Revisão Daniel Rodrigues Aurélio
Capa Maikon Nery
Diagramação Antonio Kehl

Equipe de apoio Ana Slade, Elaine Ramos, Frederico Indiani, Glaucia Britto, Higor Alves, Isabella Meucci, Ivam Oliveira, Kim Doria, Luciana Capelli, Marina Valeriano, Marissol Robles, Maurício Barbosa, Pedro Davoglio, Raí Alves, Thais Rimkus, Tulio Candiotto, Victória Lobo, Victória Okubo

CIP-BRASIL. CATALOGAÇÃO NA PUBLICAÇÃO
SINDICATO NACIONAL DOS EDITORES DE LIVROS, RJ

L956m

Löwy, Michael, 1938-
Marx, esse desconhecido / Michael Löwy ; tradução Fabio Mascaro Querido. - 1. ed. - São Paulo : Boitempo, 2023.

Tradução de: Marx inconnu
ISBN 978-65-5717-245-2
1. Marx, Karl, 1818-1883. 2. Filosofia marxista. I. Querido, Fabio Mascaro. II. Título.

23-84704   CDD: 335.42
                 CDU: 330.85

Gabriela Faray Ferreira Lopes - Bibliotecária - CRB-7/6643

Este livro compõe a trigésima terceira caixa do clube Armas da crítica.

Agradecemos às editoras a permissão para a republicação de alguns textos que compõem esta coletânea. Eventuais mudanças visaram sobretudo à busca de uma coerência editorial no conjunto da obra.

É vedada a reprodução de qualquer parte deste livro sem a expressa autorização da editora.

1ª edição: julho de 2023

BOITEMPO
Jinkings Editores Associados Ltda.
Rua Pereira Leite, 373
05442-000 São Paulo SP
Tel.: (11) 3875-7250 / 3875-7285
editor@boitempoeditorial.com.br
boitempoeditorial.com.br | blogdaboitempo.com.br
facebook.com/boitempo | twitter.com/editoraboitempo
youtube.com/tvboitempo | instagram.com/boitempo

SUMÁRIO

NOTA DA EDIÇÃO..9

PREFÁCIO 11

PRIMEIRA PARTE – EXPLORAÇÕES...................................15

    Um Marx insólito 17

    História aberta e dialética do progresso em Marx................23

    Marx e Engels como sociólogos da religião 33

    Karl Marx, Friedrich Engels e a ecologia...........................47

    Marx e Engels: comunistas românticos 65

SEGUNDA PARTE – REVOLUÇÕES.....................................85

    Prática revolucionária: os primeiros escritos 87

    A "poesia do passado": Marx e a Revolução Francesa.......103

    Marx, Engels e a revolução permanente: Alemanha (1844-1850)
        e Rússia (1881-1882) 123

    Karl Marx, Friedrich Engels e as revoluções de 1848.........135

    Globalização e internacionalismo: atualidade do *Manifesto Comunista*...145

ENTREVISTA...157

    Sobre Marx..159

CRONOLOGIA 165

OBRAS DE MARX 173

BIBLIOGRAFIA SUGERIDA 175

SOBRE O AUTOR 181

NOTA DA EDIÇÃO

Publicado originalmente em francês, este livro reúne textos de Michael Löwy sobre Marx, nos quais busca resgatar o pensamento do filósofo e economista alemão dos estereótipos e preconceitos que cercam sua produção intelectual, frequentemente mal compreendida e distorcida. Sua escrita oferece um painel a um só tempo abrangente e com visões sobre alguns temas menos explorados, descobertos com o olhar de um especialista que dedicou boa parte da vida ao estudo e à discussão da obra marxiana.

Löwy defende que Marx é um pensador social total, que buscou analisar as relações sociais, políticas e culturais de seu tempo de forma integrada. Examina a evolução de suas ideias, da juventude até sua obra madura, enfatizando a importância de conceitos como a luta de classes, o fetichismo da mercadoria e a alienação. Ele também discute a influência recebida por Marx de outros teóricos, como Hegel e Feuerbach.

Os ensaios da primeira parte tratam de aspectos menos conhecidos da produção marxiana, como o texto sobre o suicídio, "atípico" em vários aspectos, mas de extraordinária acuidade na análise e denúncia da opressão das mulheres. Se a ecologia de Marx foi amplamente redescoberta no século XXI, sua reflexão sobre a religião permanece pouco estudada; quanto à dimensão romântica de seus escritos, trata-se de uma hipótese que ainda suscita a rejeição ou a desconfiança da maioria dos pesquisadores, marxistas ou não.

Na segunda parte do livro são abordados temas mais "clássicos" da literatura marxista, em torno da questão da revolução. Mas o ponto de vista e o alcance teórico e político das análises diferem em parte, segundo o autor, da maioria dos trabalhos existentes sobre esses assuntos.

MARX, ESSE DESCONHECIDO

O volume conta ainda com uma entrevista, na qual Isabelle Garo e Alex Cukier conversam com o autor sobre seu percurso no marxismo e os desafios do pensamento de Marx no mundo atual. A edição brasileira vem acrescida de uma cronologia resumida da vida e da obra de Marx, assim como de uma lista de seus principais livros publicados no Brasil e de uma bibliografia para os que desejam conhecer (ou reconhecer) o universo das ideias e fatos ligados ao fundador do socialismo científico.

Marx, esse desconhecido é, portanto, um livro que procura desmistificar a figura de Marx e apresentar sua obra de forma mais completa e complexa. Ao fazer isso, Michael Löwy contribui para uma compreensão sofisticada de questões sociais e políticas de nosso tempo.

Pode ser surpreendente constatar que o autor utiliza a mesma referência em várias edições e até mesmo em diferentes idiomas. Isso é o que acontece quando se é poliglota e internacionalista. Os textos aqui reunidos foram em parte publicados em livros ou revistas, alguns serviram de base para intervenções públicas, tendo sido adaptados para este volume. Artigos que já haviam sido publicados no Brasil foram revistos para esta edição. Os créditos dos tradutores originais desses artigos estão assinalados em nota de rodapé. Vale esclarecer também que as notas numeradas em arábico se referem àquelas do autor, enquanto as marcadas com asterisco são de responsabilidade dos tradutores ou da edição.

PREFÁCIO

Partidários e adversários de Karl Marx não raro compartilham uma abordagem que me parece insatisfatória: ela consiste em considerar Marx apenas um "homem de ciência como os outros" (frase de Louis Althusser), um economista político, um autor que previu crises periódicas do capitalismo ou que propôs uma descrição pertinente do funcionamento do sistema. Esse argumento foi ouvido com frequência durante a crise financeira de 2008, inclusive nas páginas de *The Economist*. É verdade que as análises de *O capital* foram, e continuam sendo, a única abordagem que permite compreender o que é o capitalismo e quais são suas contradições. Mas a obra de Marx é muito mais do que isso: quer seja nas páginas de *O capital** ou em seus demais escritos, ele denuncia, com extraordinária ferocidade, o caráter perverso e desumano do modo de produção capitalista, de suas origens – a acumulação primitiva – até os dias de hoje. Se ignorarmos essa dimensão "moral" da indignação e da recusa, não se pode compreender Marx, a motivação de seus escritos e sua coerência.

Da mesma forma, a luta de classes é, para Marx, não apenas um instrumento de conhecimento da realidade histórica – o que às vezes se chama de "materialismo histórico" –, mas também uma *estratégia de combate* contra os exploradores e os opressores, em uma perspectiva de mudança revolucionária da sociedade. Na *filosofia da práxis* marxista, a interpretação do mundo e sua transformação são momentos dialeticamente indissociáveis.

---

* *O capital: crítica da economia política*, Livro I: *O processo de produção do capital* (trad. Rubens Enderle, São Paulo, Boitempo, 2013). (N. E.)

Enfim, não se pode compreender a *estrutura significativa* do pensamento de Marx sem levar em conta sua mirada "utópica": *o comunismo*, o projeto de uma sociedade livre e igualitária, sem classes e sem Estado, em ruptura com o capitalismo e a sociedade burguesa. De fato, ele se recusava a inventar receitas para as "marmitas do futuro" e desconfiava dos sistemas utópicos habituais, com seus modelos pré-fabricados, "*prêt-à-porter*". Isso não invalida, porém, o fato de que sua obra seja iluminada, de ponta a ponta, pelo horizonte de outro mundo possível, que, em *O capital*, ele designava como o "Reino da Liberdade".

Como já observava Rosa Luxemburgo, cada geração socialista relê os escritos de Marx de maneira diferente, em função de sua experiência e das novas condições históricas. A cada ocasião encontramos novos aspectos desse tesouro cultural e político que permaneceram invisíveis no passado. Isso não significa que o pensamento crítico possa se contentar com um "retorno a Marx": o marxismo, em sua história posterior à morte de Marx e Engels, não apenas desenvolveu e aprofundou as intuições marxianas como produziu preciosas análises de fenômenos *novos* como o imperialismo, o fascismo, o stalinismo, as guerras de libertação nacional, o neoliberalismo -- entre outros --, graças a pensadores e revolucionários que recusaram as miseráveis falsificações burocráticas do marxismo que tanto estrago fizeram no século XX.

***

Este conjunto de artigos abrange uma ampla gama de aspectos da obra de Marx (e às vezes também de Engels); e carrega uma evidente dimensão *subjetiva*, na medida em que cada texto corresponde a um interesse, uma curiosidade ou uma urgência política sentida pelo autor. Trata-se de um "Marx desconhecido"? Sim e não. Os ensaios da primeira parte abordam aspectos menos conhecidos ou pouco explorados de sua obra. O caso mais evidente é o texto de Marx sobre o suicídio, um escrito "atípico" em vários aspectos, mas de extraordinária acuidade na análise e na denúncia da opressão das mulheres. Se a ecologia de Marx foi amplamente redescoberta no século XXI, sua reflexão sobre a religião permanece pouco estudada; quanto à dimensão romântica de sua obra, trata-se de uma hipótese que suscita a rejeição ou a desconfiança da maioria dos pesquisadores, marxistas ou não... É talvez a contribuição mais inovadora – que desenvolvi em colaboração com meu amigo Robert Sayre –, mas também a mais controversa de nossa interpretação do marxismo.

Na segunda parte do livro, são abordados temas mais "clássicos" da literatura sobre Marx, em torno da questão da *revolução*. Mas o ponto de vista, a abordagem, bem como o alcance teórico e político das análises propostas, diferem um pouco, assim acreditamos, da maioria dos trabalhos existentes – muitas vezes de alta qualidade – sobre essa problemática.

Ao contrário de alguns, não pensamos que Marx tenha resposta para tudo. Por mais que seus escritos sejam indispensáveis a qualquer pensamento crítico interessado na compreensão e na mudança de nosso universo – que permanece, como em sua época, dominado pela lógica infernal do capitalismo –, assim como em sua transformação, o pensamento de Marx tem certos limites inevitáveis, correspondentes aos de seu tempo. Nem Marx nem Engels puderam prever, por exemplo, a gravidade da ameaça das mudanças climáticas, que se tornou a questão política central de nossa época.

Este volume não tem a pretensão de reinventar a roda marxista: pretende apenas ser uma modesta contribuição à reflexão sobre a riqueza, a relevância e a *atualidade* do pensamento marxiano. Um pensamento que só será "superado", como observou Rosa Luxemburgo, quando o capitalismo deixar de existir como sistema planetário de exploração, dominação e destruição.

Michael Löwy
Paris, fevereiro de 2022

PRIMEIRA PARTE

EXPLORAÇÕES

UM MARX INSÓLITO*

Entre os escritos de Marx, há um documento muito pouco conhecido; trata-se de "Peuchet: vom Selbstmord" [Peuchet: do suicídio], de 1846, peça composta de passagens traduzidas para o alemão de *Du suicide et des ses causes* [Do suicídio e de suas causas], um capítulo das memórias de Jacques Peuchet.

Em vários aspectos, esse documento de Marx se distingue do restante de sua produção[1]:

1) Não se trata de uma peça escrita pelo próprio Marx, mas composta, em grande parte, de excertos, traduzidos para o alemão, de outro autor. Marx tinha o hábito de preencher seus cadernos de notas com excertos desse tipo, mas jamais os publicou, e menos ainda sob sua própria assinatura.

2) O autor escolhido, Jacques Peuchet, não era economista, historiador, filósofo, nem socialista, e sim um antigo diretor dos Arquivos da Polícia sob a Restauração.

3) O texto do qual foram selecionados os excertos não é uma obra científica, mas uma coleção informal de incidentes e episódios, seguidos de alguns comentários.

4) O tema do artigo não se refere ao que habitualmente se considera esfera econômica ou política, mas à vida privada: o suicídio.

5) A principal questão social discutida em relação ao suicídio é a opressão das mulheres nas sociedades modernas.

---

* Originalmente publicado em Karl Marx, *Sobre o suicídio* (trad. Rubens Enderle e Francisco Fontanella, São Paulo, Boitempo, 2006), p. 13-9. (N. E.)

[1] Remeto à introdução de Kevin Anderson e Eric Plaut à tradução inglesa do ensaio, publicado em 1999 (*Marx on suicide*), no qual certamente essas particularidades estão mencionadas.

MARX, ESSE DESCONHECIDO

Se cada um desses traços é raro na bibliografia de Marx, a reunião deles neste texto é *única*.

Tendo em vista a natureza do artigo, poderia ele ser considerado parte integrante dos escritos de Marx? Além de havê-lo assinado, Marx imprimiu sua marca ao documento de várias maneiras: na introdução escrita por ele, na seleção dos excertos, nas modificações introduzidas pela tradução e nos comentários com que temperou o documento. Mas a principal razão pela qual essa peça pode ser considerada expressão das ideias de Marx é que ele não introduz nenhuma distinção entre seus próprios comentários e os excertos de Peuchet, de modo que o conjunto do documento aparece como um escrito homogêneo, assinado por Karl Marx.

A primeira questão que se pode apresentar é: por que Marx teria escolhido Jacques Peuchet? O que lhe interessaria tanto nesse capítulo de suas memórias?

Creio que não se pode partilhar da hipótese sugerida por Philippe Bourrinet, editor de uma versão francesa do artigo, publicada em 1992 e retomada a seu modo por Kevin Anderson em sua introdução – em outros sentidos, excelente – à edição inglesa de 1999, segundo a qual a escolha de um autor francês seria uma crítica ao "verdadeiro socialismo" alemão dos editores de *Gesellschaftsspiegel*, entre os quais estava Moses Hess[2]. Com efeito, não há no artigo uma única passagem que sugira tal orientação. Certamente, Marx rende homenagem à superioridade dos pensadores sociais franceses, mas não os compara aos socialistas alemães e sim aos ingleses. Além disso, Engels – o outro editor de *Gesellschaftsspiegel* – e Marx mantiveram excelentes relações com Moses Hess durante esses anos (1845--1846), a ponto de convidá-lo a participar de sua obra polêmica comum contra o idealismo neo-hegeliano, *A ideologia alemã**.

Um primeiro argumento para explicar essa escolha é sugerido pelo próprio Marx na introdução aos excertos: o valor da crítica social francesa às condições de vida modernas, sobretudo às relações privadas de propriedade e às relações familiares – "em uma palavra, à vida privada". Para empregar uma expressão atual, desconhecida de Marx: uma crítica social inspirada na compreensão de que *o privado é político*. Para o jovem Marx, tal crítica não perderia de forma

---

[2] Phillipe Bourrinet, "Présentation" em Marx/Peuchet, *À Propos du suicide* (Castelnau-le-Lez, Climats, 1992), p. 9-27 [ed. bras.: Karl Marx, *Sobre o suicídio*, cit.].

* Karl Marx e Friedrich Engels, *A ideologia alemã* (trad. Luciano Cavini Martorano, Nélio Schneider e Rubens Enderle, São Paulo, Boitempo, 2007). (N. E.)

alguma o interesse pelo fato de exprimir-se sob forma literária ou semiliterária: por exemplo, sob a forma de memórias. Seu entusiasmo por Balzac é bem conhecido, tanto que confessa ter aprendido muito mais sobre a sociedade burguesa nos romances desse autor que em centenas de tratados econômicos. É claro que Peuchet não é Balzac, mas suas memórias apresentariam uma variante de qualidade literária: basta lembrar que um de seus episódios inspirou *O conde de Monte Cristo,* de Alexandre Dumas.

O interesse de Marx pelo capítulo de Peuchet recaiu menos sobre a questão do suicídio como tal e mais sobre sua *crítica radical da sociedade burguesa* como forma de vida "antinatural" (fórmula proposta pelo próprio Marx em sua introdução)[3]. O suicídio é significativo, tanto para Marx como para Peuchet, sobretudo como sintoma de uma sociedade doente, que necessita de uma transformação radical. A sociedade moderna, escreve Marx citando Peuchet, que por sua vez cita Jean-Jacques Rousseau, é um deserto, habitado por bestas selvagens. Cada indivíduo está isolado dos demais, é um entre milhões, numa espécie de solidão em massa[4]. As pessoas agem entre si como estranhas, numa relação de hostilidade mútua: nessa sociedade de luta e competição impiedosas, de guerra de todos contra todos, resta somente ao indivíduo ser vítima ou carrasco. Eis, portanto, o contexto social que explica o desespero e o suicídio.

A classificação das causas do suicídio é uma classificação dos males da sociedade burguesa moderna, que não podem ser suprimidos – aqui é Marx quem fala – sem uma transformação radical da estrutura social e econômica.

Essa forma de crítica ética e social da modernidade é de inspiração evidentemente romântica. A simpatia de Peuchet pelo Romantismo está comprovada não somente por sua referência a Rousseau, mas também por sua feroz acusação ao filisteu burguês – cuja alma é o negócio, e seu comércio seu deus –, que tem apenas desprezo pelas pobres vítimas que se suicidam e pelos poemas românticos de desespero que elas deixam como herança.

É preciso ter em conta que o Romantismo não é somente uma escola literária, mas – como o próprio Marx sugere frequentemente – um protesto cultural contra a civilização capitalista moderna, em nome de um passado idealizado. Ainda

---

[3]   A hipótese levantada por Eric Plaut em sua introdução à edição inglesa sobre uma fascinação "inconsciente" de Marx pelo suicídio não me parece ter fundamento.

[4]   Um interessante ensaio marxista sobre essa problemática, tal como aparece na literatura francesa, foi escrito por Robert Sayre, *Solitude in Society: a Sociological Study in French Literature* (Cambridge, Harvard University, 1978).

MARX, ESSE DESCONHECIDO

que estivesse longe de ser um romântico, Marx admirava os críticos românticos da sociedade burguesa – escritores como Balzac e Dickens, pensadores políticos como Carlyle, economistas como Sismondi –, muitas vezes integrando intuições deles a seus próprios escritos[5].

Assim como Peuchet, a maioria deles não era socialista. Mas, como observa Marx em sua introdução ao artigo, não é preciso ser socialista para criticar a ordem estabelecida. Tropismos românticos como esses apresentados nos excertos de Peuchet – o caráter desumano e bestial da sociedade burguesa, o egoísmo e a ambição do espírito burguês – são recorrentes nos escritos de juventude de Marx, mas, nessa peça, assumem um caráter insólito.

Ao mencionar os males econômicos do capitalismo, que explicam muitos dos suicídios – os baixos salários, o desemprego, a miséria –, Peuchet ressalta as manifestações de injustiça social que não são diretamente econômicas, mas dizem respeito à *vida privada* de indivíduos *não proletários*.

Tal ponto de vista seria somente de Peuchet, não partilhado por Marx? De modo algum! O próprio Marx, em sua introdução, refere-se sarcasticamente aos filantropos burgueses que pensam – como o célebre Dr. Pangloss, de Voltaire – que vivemos no melhor dos mundos possíveis e propõem, como solução para os problemas sociais, distribuir um pouco de pão aos operários, "como se somente os operários sofressem com as atuais condições sociais".

Em outros termos, para Marx/Peuchet, a crítica da sociedade burguesa não pode se limitar à questão da exploração econômica – por mais importante que seja. Ela deve assumir um amplo caráter social e ético, incluindo todos os seus profundos e múltiplos aspectos opressivos. A natureza desumana da sociedade capitalista fere os indivíduos das mais diversas origens sociais.

Mas – aqui chegamos ao aspecto mais interessante do ensaio – quem são as vítimas não proletárias levadas ao desespero e ao suicídio pela sociedade burguesa? Há um setor social que toma um lugar central tanto nos excertos de Peuchet como nos comentários de Marx: *as mulheres*.

Com efeito, esse texto de Marx é uma das *mais poderosas peças de acusação à opressão contra as mulheres* já publicadas. Três dos quatro casos de suicídio mencionados nos excertos se referem a mulheres vítimas do patriarcado ou, nas palavras de Peuchet/Marx, da *tirania familiar*, uma forma de poder

---

[5] Sobre Marx e o Romantismo, remeto ao meu livro, escrito com Robert Sayre, *Revolta e melancolia: o Romantismo na contramão da modernidade* (Petrópolis, Vozes, 1995).

arbitrário que não foi derrubada pela Revolução Francesa[6]. Entre elas, duas são mulheres "burguesas", e a outra, de origem popular, filha de um alfaiate. Mas o destino delas fora selado mais pelo seu gênero que por sua classe social.

No primeiro caso, uma jovem é levada ao suicídio por seus pais, ilustrando a brutal autoridade do *pater* – e da *mater* – *familias*; Marx denuncia com veemência a covarde vingança dos indivíduos habitualmente forçados à submissão na sociedade burguesa contra os ainda mais fracos que eles.

O segundo exemplo – o de uma jovem da Martinica, trancada entre as quatro paredes da casa por seu marido ciumento, até que o desespero a leva ao suicídio – é de longe o mais importante, tanto por sua extensão como pelos ácidos comentários do jovem Marx a respeito. A seus olhos, o caso parece paradigmático do poder patriarcal absoluto dos homens sobre suas esposas e de sua atitude de possuidores zelosos de uma propriedade privada. Nas observações indignadas de Marx, o marido tirânico é comparado a um senhor de escravos. Graças às condições sociais que ignoram o amor verdadeiro e livre, e à natureza patriarcal tanto do Código Civil como das leis de propriedade, o macho opressor pode tratar sua mulher como um avarento trata o cofre de ouro, a sete chaves: como uma coisa, "uma parte de seu inventário". A reificação capitalista e a dominação patriarcal são associadas por Marx nessa acusação radical contra as modernas relações da família burguesa, fundadas sobre o poder masculino.

O terceiro caso refere-se a um problema que se tornou uma das principais bandeiras do movimento feminista depois de 1968: o direito ao aborto. Trata-se de uma jovem que entra em conflito com as sacrossantas regras da família patriarcal e é levada ao suicídio pela hipocrisia social, pela ética reacionária e pelas leis burguesas que proíbem a interrupção voluntária da gravidez.

No tratamento dado a esses três casos, o ensaio de Marx/Peuchet – seja dos excertos selecionados, seja dos comentários do tradutor, inseparavelmente (pois não são separados por Marx) – constitui um protesto apaixonado contra o patriarcado, a sujeição das mulheres – incluídas as "burguesas" – e a natureza opressiva da família burguesa. Com raras exceções, não há nada comparável nos escritos posteriores de Marx.

---

[6] Somente uma das quatro histórias de suicídio selecionadas por Marx concerne a um homem – um desempregado, ex-membro da Guarda Real.

Não obstante seus limites evidentes, esse pequeno e quase esquecido artigo do jovem Marx é uma preciosa contribuição a uma compreensão mais rica das injustiças sociais da moderna sociedade burguesa, do sofrimento que suas estruturas familiares patriarcais infligem às mulheres e do amplo e universal objetivo emancipador do socialismo.

HISTÓRIA ABERTA E DIALÉTICA DO PROGRESSO EM MARX*

Marx foi frequentemente apresentado como um pensador prisioneiro da ideologia do progresso do século XIX. Essa acusação, nessa forma geral, é incorreta. Existe em Marx uma concepção dialética do progresso, que leva em conta o lado sinistro da modernidade capitalista – e que a distingue radicalmente das visões ingênuas (Condorcet) ou apologéticas (Spencer) a propósito da melhoria gradual e irresistível da vida social sob a civilização moderna. Dito isso, essa dialética é incompleta e nem sempre escapa a uma certa teleologia. Na realidade, o pensamento de Marx é atravessado por tensões entre duas concepções diferentes da dialética do progresso.

A primeira é uma dialética hegeliana, teleológica e fechada, tendencialmente eurocêntrica. O objetivo final, necessário e inevitável, legitima os "acidentes históricos" como momentos do progresso, entendido como uma espiral ascendente. A "astúcia da razão" – na verdade, uma teodiceia – permite explicar e integrar qualquer acontecimento (mesmo o pior) no movimento irreversível em direção à liberdade.

Essa forma de dialética fechada – por um fim já predeterminado – não está ausente de certos textos de Marx, que parecem considerar o desenvolvimento das forças produtivas – impulsionadas pelas grandes metrópoles europeias – como idêntico ao progresso, na medida em que conduz necessariamente ao

---

* Uma versão anterior e abreviada deste capítulo foi publicada em *Cadernos em Tempo*, n. 288, maio de 1996, e depois compilada em Michael Löwy e Daniel Bensaïd, *Marxismo, modernidade e utopia* (trad. José Corrêa Leite, São Paulo, Xamã, 2000), p. 77-83. Nos trechos em que há semelhança, as traduções (a minha e a anterior) foram cotejadas. (N. T.)

socialismo. Basta pensar em seus artigos sobre a Índia, de 1853. Ao contrário dos apologistas do colonialismo, Marx de maneira alguma esconde os horrores da dominação ocidental: "A miséria infligida pelos ingleses na Índia é essencialmente diferente e de um tipo infinitamente mais intenso do que qualquer coisa que a Índia já sofreu antes". Longe de trazer "progresso" social, a destruição capitalista do tecido social tradicional piorou as condições de vida da população. No entanto, para Marx, em última análise, apesar de seus crimes, a Inglaterra foi "um instrumento inconsciente da história" ao introduzir as forças capitalistas de produção na Índia e provocar uma verdadeira revolução social no estado social (estagnado) da Ásia[1].

No segundo artigo, "Os resultados futuros da dominação inglesa na Índia", Marx explicita sua abordagem: a conquista inglesa da Índia revela, em sua forma mais nua, "a profunda hipocrisia e barbárie inerentes à civilização burguesa". No entanto, a Inglaterra cumpre uma missão histórica progressista na medida em que "a indústria e o comércio burgueses criam as condições materiais para um novo mundo", isto é, socialista. A famosa conclusão desse texto resume perfeitamente a grandeza e os limites dessa primeira forma de "dialética do progresso":

> Quando uma grande revolução social dominar os resultados da época burguesa, o mercado mundial e os poderes produtivos modernos, e os colocar sob o controle comum dos povos mais avançados, só então o progresso humano deixará de se assemelhar a esse hediondo ídolo pagão que apenas bebeu o néctar dos crânios dos massacrados.[2]

Marx percebe claramente a natureza contraditória do progresso capitalista e não ignora seu lado sinistro, sua natureza de Moloch exigindo sacrifícios humanos; mas não deixa de acreditar que o desenvolvimento burguês das forças produtivas em escala mundial – promovido por uma potência industrial como a Inglaterra – é, em última análise, historicamente progressista (isto é, benéfico), uma vez que prepara o caminho para a "grande revolução social"[3].

---

[1] Karl Marx, "The British Rule in India", em *On Colonialism* (Moscou, Foreign Languages Publishing House [s. d.]), p. 33-9.

[2] Karl Marx, "The Future Results of the British Rule in India", em *On Colonialism*, cit., p. 90.

[3] Essa análise da "dialética do progresso" em Marx é amplamente inspirada pelo livro de Alex Callinicos, *Theories and Narratives: Reflections on the Philosophy of History* (Cambridge, Polity, 1995), p. 151-65, ainda que nossas conclusões sejam bastante diferentes.

HISTÓRIA ABERTA E DIALÉTICA DO PROGRESSO EM MARX   25

Esse tipo de raciocínio teleológico e eurocêntrico – que está longe de ser o único encontrado nos escritos de Marx – serviu, sem dúvida, de base para a doutrina do chamado "marxismo ortodoxo" da Segunda Internacional, com sua concepção determinista do socialismo, visto como resultado inevitável do desenvolvimento das forças produtivas (em crescente contradição com as relações capitalistas de produção). Permitiu também o surgimento de teorias "marxistas" que justificam a natureza "progressista" da expansão colonial ou imperialista, desde os partidários social-democratas da "colonização dos trabalhadores" até a recente defesa do papel benéfico do imperialismo pelo economista inglês (que reivindica Marx) Bill Warren. Finalmente, pôde ser usado pelo produtivismo stalinista, que fez do "desenvolvimento das forças produtivas" – mais do que do controle democrático da economia pelos trabalhadores – o critério da "construção do socialismo".

A lógica dessa visão da história pode ser resumida em um epigrama irônico do grande historiador marxista inglês E. P. Thompson: "Qualquer que seja o nome daqueles que o imperador massacrou, o historiador científico (tomando nota da contradição) afirma que as forças produtivas cresceram"[4].

Se essa filosofia "progressista" de coloração determinista e economicista pode se referir a certos escritos de Marx, não é menos verdade que existe no pensamento do filósofo alemão outra "dialética do progresso", crítica, não teleológica e fundamentalmente aberta. Trata-se de pensar a história simultaneamente como progresso e como catástrofe, sem privilegiar um dos aspectos, pois o resultado do processo histórico não está predeterminado. Um comentário de Fredric Jameson sobre o *Manifesto Comunista** ilustra muito bem essa abordagem:

> Marx exige de nós, de uma maneira poderosa, que façamos o impossível, ou seja, que pensemos nesse desenvolvimento [do capitalismo] positiva e negativamente ao mesmo tempo. É uma maneira de pensar que seria capaz de capturar as características comprovadamente sinistras do capitalismo e seu dinamismo extraordinário e libertador simultaneamente em um único pensamento, e sem diminuir a força de nenhum dos dois julgamentos. Devemos elevar nossas mentes a um ponto

---

[4]   E. P. Thompson, "History Lessons", em *Powers and Names* ([s. l.], London Review of Books [s. d.]).

*   *Manifesto Comunista* (trad. Álvaro Pina e Ivana Jinkings, São Paulo, Boitempo, 1998). (N. E.)

MARX, ESSE DESCONHECIDO

a partir do qual seja possível entender que o capitalismo é ao mesmo tempo a melhor e a pior coisa que já aconteceu à espécie humana.[5]

Essa dialética está presente, por exemplo, em certas passagens de *O capital**, nas quais Marx observa que, no capitalismo, "todo progresso econômico é ao mesmo tempo uma calamidade social"; ou, ainda, quando observa que a produção capitalista agride tanto os seres humanos quanto a própria natureza:

Assim, ela destrói tanto a saúde física do operário urbano quanto a vida espiritual do trabalhador rural. E todo progresso da agricultura capitalista é um progresso na arte de saquear não só o trabalhador, mas também o solo, pois cada progresso alcançado no aumento da fertilidade do solo por certo período é ao mesmo tempo um progresso no esgotamento das fontes duradouras dessa fertilidade. Quanto mais um país, como os Estados Unidos da América do Norte, tem na grande indústria o ponto de partida de seu desenvolvimento, tanto mais rápido se mostra esse processo de destruição. Por isso, a produção capitalista só desenvolve a técnica e a combinação do processo de produção social na medida em que solapa os mananciais de toda a riqueza: a terra e o trabalhador.[6]

No quadro dessa variante crítica do materialismo histórico, em ruptura com a visão linear do progresso, a civilização burguesa moderna aparece, em relação às sociedades pré-capitalistas, ao mesmo tempo como um avanço e um retrocesso. Daí o interesse de Marx e Engels pelos trabalhos de Maurer ou de Morgan sobre as formas comunitárias "primitivas", das tribos iroqueses até a *Mark* germânica. A ideia de que o comunismo moderno recupera algumas das qualidades humanas do "comunismo primitivo" destruídas pela civilização baseada na propriedade privada e no Estado é um tema que percorre muitos de seus escritos.

Os últimos trabalhos de Marx sobre a Rússia são outro documento capital da "dialética do progresso" não linear e liberada da herança eurocêntrica. Em

---

[5] Fredric Jameson, *Postmodernism, or the Cultural Logic of Late Capitalism*, Londres, Verso, 1991, p. 47 [ed. bras.: *Pós-modernismo: a lógica cultura do capitalismo tardio*, trad. Maria Elisa Cevasco, São Paulo, Ática, 1997].

* Karl Marx, *Le Capital* (Paris, Éditions Sociales, t. I [s. d.]), p. 360-1 [ed. bras.: *O capital: crítica da economia política*, Livro I: *O processo de produção do capital*, trad. Rubens Enderle, São Paulo, Boitempo, 2013. (N. E.)

[6] Karl Marx, *Le Capital* (Paris, Éditions Sociales, t. I [s. d.]), p. 360-1 [ed. bras.: *O capital:* Livro I, cit., p. 573-4, com modificações].

sua famosa resposta a Mikhailóvski (1877), ele criticou as tentativas de "metamorfosear meu esboço histórico da gênese do capitalismo na Europa ocidental em uma teoria histórico-filosófica do desenvolvimento geral, imposto pelo destino a todos os povos, quaisquer que sejam as circunstâncias com as quais se defrontam". E, nos rascunhos de uma carta a Vera Zasulich, Marx vislumbra a possibilidade de poupar a Rússia dos tormentos do capitalismo, na medida em que, graças a uma revolução russa, a comuna rural tradicional (*obchtchina*) poderia ser a base de um desenvolvimento específico rumo ao socialismo. Estamos aqui nos antípodas do raciocínio evolucionista e determinista dos artigos sobre a Índia de 1853.

É interessante observar, aliás, que nessa carta, de 1881, Marx volta à questão da colonização inglesa: "Como no caso das Índias Orientais, por exemplo, todos – à exceção de Sir H. Maine e consortes – percebem que a supressão da propriedade comunal da terra foi apenas um ato de vandalismo inglês, empurrando os nativos não para a frente, mas para trás". Esse julgamento não é estritamente contraditório ao de 1853, mas enfatiza o aspecto socialmente regressivo da modernização capitalista induzida pelo sistema colonial[7].

A questão-chave permanece a da abertura do processo histórico, cujos resultados não são determinados de antemão por um vetor de progresso irreversível ("o desenvolvimento das forças produtivas"). É ela que permite deixar em suspenso a definição da natureza última do progresso capitalista: o "pior" ou o "melhor" na história da humanidade (para retomar a fórmula de F. Jameson), a antecâmara da catástrofe ou da "grande revolução social". Em outras palavras: o desenvolvimento histórico deve ser visto como um processo "cheio de ramificações e bifurcações, forquilhas e interrupções"[8].

Esse é um problema que está longe de encontrar uma resposta unívoca em Marx. Em *O capital*, por exemplo, encontramos esta famosa fórmula: "Todavia, a produção capitalista produz, com a mesma necessidade de um

---

[7] Idem, "Lettre à Véra Zassoulitch, 8 mars 1881" (apêndice), em Friedrich Engels, *Origine de la famille, de la propriété privée et de l'État* (Paris, Éditions Sociales, 1976), p. 330-5 [ed. bras.: *A origem da família, da propriedade privada e do Estado*, trad. Leandro Konder, 9. ed., São Paulo, Civilização Brasileira, coleção Perspectivas do Homem, 1984].

[8] Daniel Bensaïd, *Marx l'intempestif: grandeurs et misères d'une aventure critique* (Paris, Fayard, 1995), p. 36 [ed. bras.: *Marx, o intempestivo: grandezas e misérias de uma aventura crítica – séculos XIX-XX*, trad. Luiz Cavalcante de M. Guerra, Rio de Janeiro, Civilização Brasileira, 1999].

processo natural, sua própria negação. É a negação da negação"[9]. Expressões semelhantes aparecem em outros textos de Marx, de diferentes períodos. Assim, no *Manifesto Comunista*, Marx e Engels escrevem: "A burguesia produz seus próprios coveiros. Seu declínio e a vitória do proletariado são igualmente inevitáveis"[10]. No entanto, na mesma obra é afirmado claramente que em todas as épocas a luta de classes pode terminar ou em uma reestruturação revolucionária da sociedade, ou na ruína comum das classes em conflito. Aplicado à luta de classes moderna, isso significaria que a revolução socialista não é a única possibilidade: a história permanece aberta e seu desenvolvimento não é decidido de antemão pelas "leis imanentes do modo de produção".

Comentando esse tipo de texto, Daniel Bensaïd aponta com razão que é possível encontrar em Marx "uma contradição não resolvida entre a influência de um modelo científico naturalista ['a inevitabilidade de um processo natural'] e a lógica dialética da história aberta"[11].

No marxismo do século XX, foi a primeira versão da teoria do progresso, determinista e economicista, que predominou, tanto na Segunda quanto na Terceira Internacional (após 1924, em todo o caso). Mas encontramos também uma corrente "dissidente", que retoma e desenvolve as intuições da "dialética aberta" esboçada por Marx.

Rosa Luxemburgo foi a primeira a tirar, explicitamente, conclusões contemporâneas da hipótese geral sugerida no *Manifesto*: com sua conhecida fórmula, socialismo ou barbárie, ela rompeu, da forma mais radical, com toda a teleologia determinista, proclamando o irredutível fator de contingência do processo histórico – o que torna possível uma teoria da história que enfim reconheça o lugar do fator "subjetivo". A consciência dos oprimidos, sua organização revolucionária e sua iniciativa política não são mais simplesmente – como para os pretensos "marxistas ortodoxos" Kautsky e Plekhanov – fatores aceleradores ou retardadores do progresso histórico, cujo resultado já estaria

---

[9] Karl Marx, *Le Capital*, Livre I (Paris, PUF, 1993), p. 857 [ed. bras.: *O capital*, Livro I, cit., p. 832]. O original em alemão é um pouco menos explícito: "*Mit der Notwendigkeit eines Naturprozesses*" ("com a necessidade de um processo natural"). Ver Karl Marx, "Das Kapital", em Karl Marx e Friedrich Engels, *Werke*, v. XXIII (Berlim, Dietz, 1968), p. 791 [ed. bras.: *O capital*, cit.].

[10] Idem, *Manifeste du parti communiste* (Paris, Flammarion, 1998), p. 89 [ed. bras.: *Manifesto Comunista*, cit., p. 51].

[11] Daniel Bensaïd, *Marx l'intempestif*, cit., p. 74 [ed. bras.: *Marx, o intempestivo*, cit.].

predeterminado pela "contradição entre forças e relações de produção", e sim as forças *decisivas* para o desfecho da crise capitalista: rumo à emancipação social ou à barbárie. Esta última expressão não designa, em Rosa Luxemburgo, um retorno impossível ao passado, uma "regressão" às etapas anteriores do desenvolvimento social, mas sim, acima de tudo, uma barbárie moderna, da qual a Primeira Guerra Mundial dera um exemplo em escala planetária (outros ainda piores viriam a seguir).

O pensamento de Lênin e o de Trótski não estão totalmente livres da pesada herança do "progressismo" e do produtivismo da Segunda Internacional. Em uma série de questões-chave, porém, eles contribuíram significativamente para uma visão dialético-crítica do progresso. A teoria do imperialismo de Lênin considera a expansão global do capitalismo não um processo benéfico ("em última análise") de desenvolvimento das forças produtivas, mas, acima de tudo, uma intensificação das formas mais brutais de dominação sobre os países coloniais ou semicoloniais, e como fonte de guerras (interimperialistas) cada vez mais mortíferas. Para retomar a imagem de Marx, no artigo de 1853 sobre a Índia, o monstruoso ídolo pagão continua a exigir sacrifícios humanos ilimitados, mas para Lênin ele não pode mais ser visto como um "instrumento inconsciente" do progresso.

Quanto à teoria da revolução permanente de Trótski, sua grande contribuição foi a de ter rompido com o eurocentrismo, desatando o vínculo mecânico entre nível das forças produtivas e maturidade revolucionária, e proclamando, sem hesitação, as "vantagens do atraso": longe de seguir uma evolução linear – feudalismo, revolução burguesa, desenvolvimento do capitalismo moderno, crescimento *das forças produtivas a tal ponto que não podem mais ser contidas pelas relações de produção*, revolução socialista –, o movimento social-revolucionário tende a começar nos países periféricos, menos desenvolvidos e menos modernos[12].

Os trabalhos de Marx e Engels sobre o "comunismo primitivo" ou a comuna rural tradicional não encontraram grande eco no marxismo europeu, à exceção de Rosa Luxemburgo, que lhes dedicou a maior parte de seu curso de *Introdução à economia política*. Nesse texto, ela explora duas teses

---

[12] É verdade que, segundo Trótski, a construção de uma verdadeira sociedade socialista só poderia ocorrer em escala internacional, após a transformação revolucionária dos países capitalistas mais avançados.

perfeitamente heréticas do ponto de vista da doutrina evolucionista do progresso: o período dominado pela propriedade privada poderia ser apenas um parêntese na história da humanidade entre duas grandes épocas comunistas, a do passado arcaico e a do futuro socialista. Nesse espírito, Rosa sugere a possibilidade de uma aliança entre o proletariado europeu moderno e os povos indígenas dos países coloniais, ou seja, entre o comunismo moderno e o arcaico, ambos contra seu inimigo comum, o imperialismo[13].

No entanto, a tentativa mais importante de crítica marxista da ideologia do progresso é, sem dúvida, a obra — bastante heterodoxa — de Walter Benjamin. Ele foi talvez o único a propor explicitamente o desenvolvimento de um materialismo histórico em ruptura radical com a ideia de progresso (ver *Passagens*[14]). Para Benjamin, a revolução não era "inevitável" e menos ainda determinada pelo nível das forças produtivas: ao contrário, ele a concebia como a interrupção de um "progresso" catastrófico, cujo indicador era o aperfeiçoamento crescente das técnicas militares — ou seja, para retomar sua imagem, como o apagar do pavio fumegante antes que o fogo da tecnologia se tornasse incontrolável e provocasse uma explosão fatal para a civilização humana (*Rua de mão única*[15]).

De onde surge seu "pessimismo revolucionário", seu apelo angustiado, em 1929, a uma "organização do pessimismo" pelo movimento comunista, já que, segundo sua fórmula irônica — e estranhamente premonitória — "só podemos depositar confiança ilimitada na I. G. Farben e no aperfeiçoamento pacífico da Luftwaffe" ("O Surrealismo..."[16]). Benjamin reconhece a contribuição positiva do desenvolvimento dos conhecimentos e das técnicas, mas se recusa a considerá-lo, *ipso facto*, um progresso humano. Sem negar o potencial emancipatório da tecnologia moderna, ele se preocupa com seu *domínio social*,

---

[13] Em sua *Introduction à l'économie politique* (Paris, Anthropos, 1970), p. 92 [ed. bras.: *Introdução à economia política*, trad. Carlos Leite, São Paulo, Martins Fontes, 1975], Rosa Luxemburgo fala do "elo obscuro entre as velhas tradições comunistas que, nos países coloniais, opunham a resistência tenaz à busca do lucro e ao progresso de uma 'europeização' dos nativos, e o novo evangelho trazido pela impetuosidade revolucionária das massas proletárias nos velhos países capitalistas".

[14] Walter Benjamin, *Das Passagen-Werk: Gesammelte Schriften* (GS), VI, 1 (Frankfurt, Suhrkamp, 1983), p. 574 [ed. bras.: *Passagens*, trad. Willi Bolle, Belo Horizonte, UFMG, 2007].

[15] Idem, GS, cit., II, 1, p. 122.

[16] Ibidem, p. 308.

com o controle da sociedade sobre suas relações com a natureza. A sociedade sem classes do futuro deverá acabar não só com a exploração do homem pelo homem, mas também com a da natureza, substituindo as formas destrutivas da tecnologia atual por uma nova modalidade de trabalho[17].

Recusando uma escrita da história em termos de progresso – quer seja da "civilização" ou das "forças produtivas" –, Benjamin se propõe a interpretá-la do ponto de vista de suas vítimas, das classes e dos povos esmagados pelo tanque triunfal dos vencedores. Nessa perspectiva, o progresso lhe aparece como uma tempestade maléfica que afasta a humanidade do paraíso original e que fez da história "uma só catástrofe que continua a empilhar ruína sobre ruína". A revolução não é mais a locomotiva da história, mas sim a humanidade puxando os freios de emergência antes que o trem caia no abismo ("Teses sobre o conceito de história"[18]).

Por muito tempo, as intuições mais ricas e mais visionárias de Marx, Rosa Luxemburgo ou Walter Benjamin foram ignoradas pelas correntes dominantes da esquerda, prisioneiras da ideologia do progresso linear e do produtivismo. Mas assistimos – sobretudo nos últimos 25 anos – ao desenvolvimento de uma corrente ecossocialista, que retoma e desenvolve essas ideias à luz da crise ecológica provocada pela expansão ilimitada do capitalismo mundial. Pertencem a essa tendência, com diferentes sensibilidades, pensadores tão importantes como Manuel Sacristán, Raymond Williams, Rudolf Bahro (em seus primeiros escritos) e André Gorz, assim como James O'Connor, Barry Commoner, Ted Benton, Joan Martínez Alier, Francisco Fernández Buey, Jorge Riechmann, Jean-Paul Deléage, Jutta Ditfurth, Thomas Ebermann, Rainer Trampert, Elmar Altvater, Frieder Otto Wolf e muitos outros, que se expressam em uma rede de periódicos como *Capitalism, Nature and Socialism*, *Écologie et Politique* etc. Nesse novo contexto, Marx é relido de modo a integrar, em uma mesma abordagem, sua crítica da economia política e a crítica ecológica ao produtivismo, já delineadas em alguns de seus textos[19].

---

[17] Idem, "Über den Begriff der Geschichte", GS, cit., I, 2, p. 697-9.

[18] Ibidem, p. 699-700 e idem, GS, cit., I, 3, p. 1.232.

[19] Ver o interessante livro de John Bellamy Foster, *Marx's Ecology* (Nova York, Monthly Review, 2000 [ed. bras.: *A ecologia de Marx: materialismo e natureza*, 4. ed., Rio de Janeiro, Civilização Brasileira, 2005], ou o de Paul Burkett, *Marx and Nature* (Nova York, St. Martin's, 1999).

Rompendo com a ideologia produtivista do progresso – em sua forma capitalista e/ou burocrática (dita "socialista real") – e se opondo à expansão infinita de um modo de produção e consumo que destrói o meio ambiente, o ecossocialismo representa, no movimento ecológico, a tendência mais avançada, a mais sensível aos interesses dos trabalhadores e dos povos do Sul, a que compreendeu a impossibilidade de um "desenvolvimento sustentável" nos marcos da economia capitalista de mercado.

As reformas parciais são totalmente insuficientes: a microrracionalidade do lucro capitalista deve ser substituída por uma macrorracionalidade social e ecológica, o que exige uma verdadeira mudança de civilização[20]. Isso é impossível sem uma profunda reorientação tecnológica, voltada para a substituição das atuais fontes de energia por outras não poluentes e renováveis, como a energia solar[21]. A primeira questão que se coloca é, portanto, a do controle sobre os meios de produção e, especialmente, sobre as decisões de investimento e mudança tecnológica. Não existe tecnologia neutra: a que existe foi desenvolvida pelo capital e deve ser radicalmente transformada com base em uma perspectiva socialista[22].

---

[20] Ver a esse respeito o notável ensaio de Jorge Riechmann, "El socialismo puede llegar solo en bicicleta", *Papeles de la Fondación de Investigaciones Marxistas*, Madri, n. 6, 1996.

[21] Alguns marxistas já sonham com um "comunismo solar". Ver David Schwartzman, "Solar Communism", *Science and Society*. Special issue "Marxism and Ecology", 1996.

[22] Victor Wallis, "'Fortschritt' oder Fortschritt? Zur Definition sozialistischer Technologie", *Das Argument*, Hamburgo, Jahrgang 41, Heft 2/3, 1999. Em sua integralidade, o número dessa revista é dedicado a um debate apaixonante sobre "repensar o progresso", com a participação de Domenico Losurdo, Boris Kagarlitski, Oskar Negt, Georges Labica, Thomas Weber, Frieder Otto Wolf e muitos outros.

MARX E ENGELS COMO
SOCIÓLOGOS DA RELIGIÃO[1]

Muito já se escreveu sobre a crítica marxista da alienação religiosa ou sobre a luta do ateísmo materialista contra o idealismo cristão. Mas o que nos interessa neste texto é a contribuição de Marx e Engels para a sociologia dos fatos religiosos. Uma excursão atenta nesse campo pode nos surpreender.

Adeptos e inimigos do marxismo estão aparentemente de acordo quanto a uma questão: a célebre frase "a religião é o ópio do povo" representa a quintessência da concepção marxista do fenômeno religioso. Entretanto, essa fórmula nada tem, em especial, de marxista. Com desprezíveis gradações, podemos encontrá-la, antes de Marx, em Kant, Herder, Feuerbach, Bruno Bauer e muitos outros. Vejamos dois exemplos de autores próximos de Marx.

Em livro de 1840 sobre Ludwig Börne, Heine refere-se, de modo bem positivo – com uma pitada de ironia –, ao papel narcótico da religião: "Bendita seja uma religião que deposita no amargo cálice da humanidade sofredora doces e soporíferas gotas de ópio espiritual, gotas de amor, fé e esperança". Moses Hess, em ensaios publicados na Suíça em 1843, assumiu uma posição mais crítica, embora não isenta de ambiguidade: "A religião pode tornar suportável [...] a consciência infeliz da servidão [...] assim como o ópio é muito útil nas enfermidades dolorosas"[2].

---

[1] Traduzido por Frank Roy Cintra Ferreira de Michael Löwy, "Karl Marx et Friedrich Engels comme sociologues de la religion", *Archives de Sciences Sociales des Religions*, Paris, Ehess, n. 89, 1995, p. 41-52. [A tradução para o português foi originalmente publicada em *Lua Nova*, n. 43, 1998, p. 157-70. (N. E.)]

[2] Essas referências e outras semelhantes são citadas por Helmut Gollwitzer, *Die Marxistische Religionskritik und christlicher Glaube* (4. ed., Tubinga, J. C. B. Mohr, 1962), p. 15-6.

34 MARX, ESSE DESCONHECIDO

A expressão aparece pouco depois (1844) no artigo "Introdução à crítica da filosofia do direito de Hegel", de Marx. A leitura atenta do parágrafo inteiro mostra que seu pensamento era mais complexo do que se costuma imaginar. Na verdade, ao repelir a religião, Marx não esqueceu seu duplo caráter:

> A angústia religiosa é, ao mesmo tempo, a expressão da verdadeira angústia e o protesto contra essa verdadeira angústia. A religião é o suspiro da criatura oprimida, o coração de um mundo sem coração, assim como é o espírito de uma situação sem espiritualidade. É o ópio do povo.[3]

A leitura completa do ensaio esclarece que o ponto de vista de Marx, em 1844, depende mais do neo-hegelianismo de esquerda, que na religião vê a alienação da essência humana, que do iluminismo (a filosofia das luzes), que simplesmente a acusa de ser uma conspiração clerical (o "modelo egípcio"). De fato, quando Marx escreveu a passagem acima, ainda era um discípulo de Feuerbach, um neo-hegeliano. Sua análise da religião, portanto, era "pré-marxista", sem referência às classes sociais e um tanto a-histórica – não menos dialética, contudo, pois apreendia o caráter contraditório da "angústia" religiosa: às vezes, legitimação da sociedade existente; às vezes, protesto contra tal sociedade.

Só mais tarde – em *A ideologia alemã**, de 1846 – começou o estudo propriamente marxista da religião como realidade social e histórica. O elemento central desse novo método de análise dos fatos religiosos é considerá-los – junto com o direito, a moral, a metafísica, as ideias políticas etc. – uma das múltiplas formas da ideologia, ou seja, da produção espiritual de um povo, da produção de ideias, representações e formas de consciência, necessariamente condicionadas pela produção material e pelas relações sociais correspondentes.

Se ele chegou a falar em "reflexo" – termo que iria conduzir várias gerações de marxistas a um admirável impasse –, a ideia central do texto é mais a necessidade de explicar a gênese das diversas formas da consciência (religião, filosofia, moral etc.) com base nas relações sociais, "o que possibilita então, naturalmente, representar a coisa em sua totalidade (e também examinar a ação recíproca desses diferentes aspectos)"[4]. Toda uma escola "dissidente" de

---

[3] Karl Marx e Friedrich Engels, *Sur la religion* (Paris, Éditions Sociales, 1960), p. 42.

* Karl Marx, *A ideologia alemã* (trad. Luciano Cavini Martorano, Nélio Schneider e Rubens Enderle, São Paulo, Boitempo, 2007). (N. E.)

[4] Idem, Karl Marx e Friedrich Engels, *Sur la religion*, cit., p. 77 e passim.

sociologia marxista da cultura iria privilegiar, desde Lukács, a categoria dialética da totalidade, em detrimento do reflexo. Segundo Lucien Goldmann, por exemplo, o grande princípio de método da sociologia marxista é o do "caráter total da atividade humana e o vínculo indissolúvel entre a história dos fatos econômicos e sociais e a história das ideias"[5].

Pode-se resumir essa atitude por meio de uma passagem "programática" que consta de um texto redigido anos mais tarde:

> É claro que toda desorganização histórica das condições sociais acarreta, ao mesmo tempo, a desorganização dos conceitos e das representações dos homens e, por conseguinte, de suas representações religiosas.[6]

Esse método de análise macrossocial teria uma influência duradoura sobre a sociologia das religiões, até mesmo fora da órbita marxista.

A partir de 1846, Marx não dedicou mais que uma ligeira atenção à religião como tal, como universo cultural/ideológico específico. Não encontramos em sua obra quase nenhum estudo mais desenvolvido sobre qualquer fenômeno religioso. Convicto de que, como afirmava desde o artigo de 1844, a crítica da religião deveria se transformar na crítica desse vale de lágrimas e a crítica da teologia em crítica da política, parece que ele desviou sua atenção do domínio religioso.

No primeiro volume de *O capital* (1867), entretanto, encontramos uma série de notas muito interessantes do ponto de vista metodológico, ainda que se refiram à religião de passagem, a propósito de algo diferente. Em uma famosa nota de rodapé, Marx respondeu desta maneira ao argumento daqueles que veem na importância da política na Antiguidade e da religião na Idade Média a prova da inadequação da explicação materialista da história:

> É claro que a Idade Média não podia viver do catolicismo, assim como o mundo antigo não podia viver da política. Ao contrário, é o modo como eles produziam sua vida que explica por que lá era a política, aqui o catolicismo que desempenhava o papel principal [*Hauptrolle*].[7]

---

[5] Lucien Goldmann, *Sciences humaines et philosophie* (Paris, Éditions Gonthier, 1966), p. 63 [ed. bras.: *Ciências humanas e filosofia*, trad. Lupe Cotrim Garaude e José Arthur Gianotti, São Paulo, Difel, 1979].

[6] Karl Marx e Friedrich Engels, "Compte rendu du livre de G. F. Daumier, *La Religion de l'ère nouvelle...*" (1850), em idem, *Sur la religion*, cit., p. 94.

[7] Karl Marx, *Le Capital*, v. I (Paris, Garnier-Flammarion, 1969), p. 590 [ed. bras.: *O capital: crítica da economia política*, Livro I: *O processo de produção do capital*, trad. Rubens Enderle, São Paulo, Boitempo, 2013, p. 157].

Marx nunca apresentaria a demonstração das causas econômicas da importância da religião medieval, mas essa observação é interessante no que se refere ao método, pois reconhece que, em determinadas condições, a religião pode realmente desempenhar o papel principal na vida de uma sociedade.

O único fenômeno religioso que talvez o interessasse em *O capital* (e em outros escritos econômicos) era o protestantismo, do ponto de vista de sua relação com a ascensão do capitalismo. Contudo, ao contrário do que se poderia supor, essa conexão foi examinada a partir de múltiplos ângulos, sem que possamos deduzir um só modelo de causalidade.

A abordagem mais "clássica", evidentemente, é a que faria da reforma protestante o reflexo da sociedade burguesa. Por exemplo, na seguinte passagem:

> O mundo religioso não passa de reflexo do mundo real. Uma sociedade em que o produto do trabalho toma a forma da mercadoria [...] tal sociedade encontra no cristianismo, com seu culto ao homem abstrato, e sobretudo em seus tipos burgueses, protestantismo, deísmo etc., o complemento religioso mais conveniente.[8]

Todavia, mesmo nesse parágrafo, observa-se uma certa flexibilidade: a complementaridade não significa o mesmo que reflexo. Marx pareceu hesitar entre duas modalidades de relação sócio-histórica muito diferentes.

Marx, às vezes, sugeria uma relação de causalidade em que a religião seria um fator ativo na formação do capitalismo. Por exemplo: para sustentar a afirmação de que "o protestantismo é essencialmente uma religião burguesa", ele mencionou o papel da Reforma na Inglaterra na espoliação dos bens da Igreja e das terras comunais: ao dar "um novo e terrível impulso ao processo de expropriação violenta das massas populares [...] no século XVI", a nova religião favoreceu a acumulação primitiva do capital. Em outra passagem, ele afirmou, de modo ainda mais explícito: "O protestantismo, já em sua transformação de quase todos os feriados tradicionais em dias de trabalho, desempenha um papel importante na gênese do capital"[9].

Mais interessante que a validade empírica de tais análises historiográficas é seu significado metodológico: o reconhecimento da religião como uma das

---

8   Ibidem, p. 74 [ed. bras.: *O capital*, cit, p. 154, com modificações].

9   Ibidem, p. 533, 621 [ed. bras.: *O capital*, livro I, cit., p. 792, 348]. A expropriação de claustros e terras cultivadas pelos camponeses favoreceu também o empobrecimento e a proletarização das massas rurais: O sr. Rogers, embora fosse então professor de economia política na Universidade de Oxford, sede da ortodoxia protestante [chama a atenção] para a pauperização da massa do povo pela Reforma (ibidem, p. 689) [ed. bras.: *O capital*, livro I, cit., p. 794].

MARX E ENGELS COMO SOCIÓLOGOS DA RELIGIÃO   37

causas importantes das transformações econômicas que conduzem ao estabelecimento do sistema capitalista moderno.

Reflexo ou causa, qual é a conclusão? Parece que Marx não se preocupou muito com essa questão; para ele, o essencial era evidenciar a íntima e eficaz conexão entre os dois fenômenos. Nesse contexto, é de particular interesse voltar a uma passagem dos *Grundrisse* que sugere um vínculo intrínseco entre a ética protestante e o capitalismo:

> O culto ao dinheiro tem seu ascetismo, sua renúncia, seu autossacrifício – a parcimônia e frugalidade, o desprezo dos prazeres mundanos, temporais e efêmeros; a busca do tesouro *eterno*. Daí a conexão entre o puritanismo inglês ou também do protestantismo holandês com o ganhar dinheiro.[10]

O paralelo (mas não a identidade) com as teses de Weber é surpreendente, até porque este último não poderia ter lido o manuscrito de Marx, publicado pela primeira vez em 1940.

Além dessas observações que ficaram fragmentadas e pouco expandidas, pode-se considerar que a principal contribuição de Marx à sociologia da religião foi a de que esta, a religião, era simplesmente uma das formas da "produção espiritual", cuja história não pode ser desvinculada do desenvolvimento econômico e social global da sociedade. Para sabermos mais sobre as modalidades concretas e históricas desse vínculo, dessa *Zusammenhang*, precisamos examinar de preferência a obra de seu amigo e companheiro de luta Friedrich Engels.

Talvez por causa de sua educação pietista, Friedrich Engels mostrou um interesse bem mais contido que Marx pelos fenômenos religiosos e por seu papel histórico – sempre compartilhando, é óbvio, as opções decididamente materialistas e ateias de seu amigo. Sua principal contribuição à sociologia marxista das religiões, sem dúvida, foi sua análise da relação entre as representações religiosas e as classes sociais. O cristianismo, por exemplo, não aparece em seus escritos (assim como nos de Feuerbach) como "essência" a-histórica, mas como forma cultural ("ideológica"), que se transforma no curso da história, e como espaço simbólico, cacife de forças sociais antagônicas.

---

[10] Karl Marx, *Fondements de la critique de l'économie politique (Grundrisse)* (Paris, Anthropos, 1967), p. 174 [ed. bras.: *Grundrisse: Manuscritos econômicos de 1857-1858. Esboços da crítica da economia política*, trad. Mario Duayer e Nélio Schneider, São Paulo, Boitempo, 2011, p. 175].

MARX, ESSE DESCONHECIDO

Engels nem sempre resistiu à tentação de interpretar os movimentos religiosos em termos estreitamente utilitários e instrumentais, como nesta passagem bem conhecida do ensaio "Ludwig Feuerbach e o fim da filosofia clássica alemã", de 1886: "Note-se que cada uma das diferentes classes utiliza a religião que se lhe conforma [...] e não faz a menor diferença o fato de que estes senhores acreditem ou não em suas respectivas religiões"[11].

De acordo com a mesma lógica, muitas vezes ele reduziu as diversas crenças a um simples "disfarce religioso" dos interesses de classe. Não obstante, por seu método de análise, com base na relação com a luta de classes, ele contribuiu com uma nova luz sociológica sobre o estudo das religiões, graças à qual pôde tomar as instituições religiosas não mais como um todo homogêneo (visão herdada da crítica enciclopedista do complô clerical), mas como um campo de forças cruzado pelos conflitos sociais.

Engels, permanente e irreconciliável adversário da religião, não deixou de reconhecer, como o jovem Marx, a paradoxal dualidade do fenômeno: seu papel na sacralização da ordem estabelecida, mas também, conforme o caso, seu papel crítico, contestatório e até revolucionário. De resto, era exatamente esse segundo aspecto que mais o interessava e no qual se concentrou a maior parte de seus estudos concretos, do cristianismo original ao puritanismo revolucionário inglês do século XVII, passando pelas heresias medievais e pela guerra dos camponeses alemães do século XVI.

Não podemos, no âmbito deste artigo, examinar em detalhe os escritos históricos de Engels. Remetemos os interessados aos notáveis trabalhos de Henri Desroche e à útil síntese de David McLellan, mais recente[12]. Vamos nos limitar a algumas observações de método.

Engels chegou a fazer várias retomadas da história do cristianismo primitivo. Na primeira tentativa – o artigo "Bruno Bauer e o cristianismo primitivo", de 1882 –, ele sugeriu que o movimento recrutara a maioria de seus primeiros adeptos entre os escravos do Império Romano. Ao substituir as diversas religiões nacionais, locais e tribais dos escravos, destruídas pelo império, o cristianismo foi "a primeira religião universal possível". Anos mais tarde, em sua "Contribuição à história do cristianismo primitivo" (1894-1895), ele propôs

---

[11] Karl Marx e Friedrich Engels, *Sur la religion*, cit., p. 260.

[12] Henri Desroche, *Socialismes et sociologie religieuse* (Paris, Cujas, 1965); David McLellan, *Marxism and Religion* (Nova York, Harper & Row, 1987).

uma análise sociológica mais matizada dos primeiros cristãos: homens livres expulsos das cidades, ex-escravos privados de direitos, camponeses esmagados pelas dívidas e escravos. Como não existia uma forma comum de emancipação para tantos elementos diferentes, só a religião podia lhes oferecer uma perspectiva comum, um sonho comum[13].

O interesse de Engels pelo cristianismo primitivo não foi puramente arqueológico: sustentava-se em duas constatações políticas atuais. Por um lado, a lembrança do primeiro cristianismo esteve presente em todos os movimentos populares e revolucionários, das heresias medievais ao comunismo operário do século XIX, passando pelos taboritas de Jan Žižka. ("de gloriosa memória")* e pela guerra dos camponeses alemães. Mesmo depois de 1830, o cristianismo primitivo continuou a servir de inspiração para os primeiros comunistas operários alemães (Wilhelm Weitling), bem como para os comunistas revolucionários franceses.

Por outro lado, Engels constatou um paralelismo estrutural entre o cristianismo original e o socialismo moderno: nos dois casos, trata-se de movimentos de massas oprimidas, cujos membros eram banidos e perseguidos pelos poderes públicos e pregavam uma iminente libertação da escravidão e do desespero. Para adornar sua comparação, Engels pilheriava com a citação de uma frase de Ernest Renan:

> Se quereis ter uma ideia das primeiras comunidades cristãs, observai uma seção local da Associação Internacional dos Trabalhadores.

A diferença essencial entre os dois movimentos estava em que os cristãos empurravam a libertação para o Além, enquanto o socialismo a colocava neste mundo[14].

Mas a diferença é assim tão nítida como parece à primeira vista? No estudo de Engels sobre um segundo grande movimento contestatório cristão – a guerra dos camponeses –, a nitidez parece perder-se: Thomas Müntzer, o teólogo e dirigente dos camponeses e plebeus revolucionários do século XVI, não queria o estabelecimento do reinado de Deus na Terra?

---

[13] Karl Marx e Friedrich Engels, *Sur la religion*, cit., p. 199, 327-8.

* Jan Žižka (1360?-1424) foi um general tcheco líder dos hussitas. (N. T.)

[14] Friedrich Engels, "Contribution à l'histoire du christianisme primitif", em Karl Marx e Friedrich Engels, *Sur la religion*, cit., p. 311-2.

40 MARX, ESSE DESCONHECIDO

O levante dos camponeses e o personagem de Müntzer, em particular, exerceram um verdadeiro fascínio sobre Engels. Ele lhes dedicaria um de seus principais – se não o mais importante – estudos históricos: o livro intitulado *A guerra dos camponeses**, de 1850. É provável que esse interesse resultasse do fato de que aquela rebelião era a única tradição propriamente revolucionária da história alemã. Ao analisar em termos de luta de classes a Reforma protestante e a crise religiosa da virada do século na Alemanha, Engels distinguiu três campos que se enfrentavam na arena político-religiosa: o campo conservador católico, composto do poder do Império, pelos prelados e por uma parte dos príncipes, pela nobreza rica e pelo patriciado das cidades; o partido da Reforma luterana burguesa moderada, que agrupava os elementos proprietários de oposição, a massa da pequena-nobreza, a burguesia e até um partido de príncipes, que esperavam enriquecer com o confisco dos bens da Igreja; por fim, os camponeses e os plebeus, que constituíam um partido revolucionário, "cujas reivindicações e doutrinas foram expressas da maneira mais clara por Thomas Müntzer"[15].

Se essa análise dos enfrentamentos religiosos por meio da matriz das classes sociais antagônicas é sociologicamente esclarecedora, Engels nem sempre evitou o atalho reducionista. Com muita frequência, ele pareceu considerar que a religião não passa de uma "máscara" ou de uma "cobertura" (*Decke*) por trás da qual se escondem "os interesses, as necessidades e as reivindicações das diferentes classes". No caso de Müntzer, ele afirmou que este "dissimulava" suas convicções revolucionárias sob uma "fraseologia cristã" ou sob uma "máscara bíblica"; se falava ao povo "na linguagem do profetismo religioso", era porque esta era "a única que [o povo] era capaz de compreender na época". Parece que lhe escaparam a dimensão especificamente religiosa do milenarismo müntzeriano, sua força espiritual e moral, sua profundidade mística autenticamente vivida[16].

Ao mesmo tempo, ele não escondeu sua admiração pela figura do profeta quiliasta, cujas ideias descreveu como "quase-comunistas" e "religiosas revolucionárias":

---

* Friedrich Engels, *A revolução antes da revolução: as guerras camponesas na Alemanha* (São Paulo, Expressão Popular, 2008). (N. E.)

[15] Karl Marx e Friedrich Engels, *Sur la religion*, cit., p. 105.

[16] Ibidem, p. 99, 114.

MARX E ENGELS COMO SOCIÓLOGOS DA RELIGIÃO   41

Sua doutrina política correspondia exatamente a esta concepção religiosa revolucionária e superava as relações sociais e políticas vigentes, assim como sua teologia superava as concepções religiosas da época [...]. Este programa – que era menos a síntese das reivindicações dos plebeus da época e mais uma genial antecipação das condições de emancipação dos elementos proletários que se encontravam em estado rudimentar entre estes plebeus – exigia a instauração imediata, na terra do Reino de Deus, do reinado milenar dos profetas, mediante o retorno da Igreja a sua origem e a supressão de todas as instituições que estivessem em contradição com esta Igreja, supostamente primitiva, mas, na realidade, completamente nova. Para Müntzer, o reinado de Deus nada mais era que uma sociedade na qual não haveria mais nenhuma diferença de classes, nenhuma propriedade privada ou nenhum poder de Estado estrangeiro, autônomo, em oposição aos membros da sociedade.[17]

Esse impressionante parágrafo sugere não apenas a função contestatória e até revolucionária de um movimento religioso, mas também sua dimensão presciente, sua função utópica. Aqui, estamos nos antípodas da teoria do "reflexo": longe de ser a simples "expressão" das condições vigentes, a doutrina político-religiosa de Müntzer surgiu como uma "antecipação genial" das futuras aspirações comunistas. Há nesse texto uma nova pista, que não foi explorada por Engels, mas que, depois, seria magnificamente trabalhada por Ernst Bloch, desde seu ensaio de juventude sobre Thomas Müntzer até *O princípio esperança*, sua obra maior.

Para fazer um balanço sóbrio e imparcial da contribuição de Engels ao estudo sócio-histórico da Reforma, podemos nos reportar ao prefácio de Leonard Krieger à edição inglesa do livro (1967):

A conexão entre as seitas radicais e as classes "plebeu-camponesas" – a conexão que possibilitou a Engels suas análises históricas mais penetrantes – continua a ser a única relação precisa que foi aceita pelos historiadores situados de ambos os lados da linha divisória marxista. Entretanto, ainda que a prioridade que Engels atribui aos interesses sociais e à sua correlação unívoca entre as outras confissões religiosas e as classes sociais não tenha granjeado tal aceitação, é indiscutível a importância da dimensão social para os conflitos religiosos da era da Reforma, e a descoberta do modo como essa relação pôde funcionar continua a ser uma das questões vivas da historiografia europeia.[18]

---

[17]   Ibidem, p. 114.

[18]   Leonard Krieger, em Friedrich Engels, *The German Revolutions* (Chicago, University of Chicago, 1967), p. XLI.

42 MARX, ESSE DESCONHECIDO

Se Marx preocupava-se com a *Zusammenhang* entre o protestantismo e o capitalismo, Engels debruçou-se sobre os vínculos entre o calvinismo e a burguesia: "Com um rigor bem francês, Calvino trouxe ao primeiro plano o caráter burguês da Reforma, republicanizou e democratizou a Igreja". Na revolução inglesa do século XVII, "o calvinismo confirma-se como o verdadeiro disfarce religioso dos interesses da burguesia da época"[19].

Todavia, essa metáfora teatral (ou carnavalesca?) – que parece reduzir a complexa, íntima e "dialética" relação entre religião e classes sociais a um simples e mecânico encobrimento da face sob uma máscara – não é a única análise do calvinismo proposta por Engels. Também encontramos em seus escritos hipóteses mais fecundas que conectam a religião e a condição existencial da burguesia.

> Onde Lutero fracassou, Calvino venceu. O dogma calvinista satisfazia as necessidades da burguesia mais avançada da época. Sua doutrina da predestinação era a expressão religiosa do fato de que, no mundo comercial da concorrência, o sucesso e o insucesso não dependem nem da atividade, nem da habilidade do homem, mas de circunstâncias alheias ao seu controle. Essas circunstâncias não dependem nem de quem quer, nem de quem trabalha; estão à mercê de poderes econômicos superiores e desconhecidos...[20]

A analogia entre essa análise e a de Weber não escapou ao olhar minucioso de György Lukács, que combinaria as duas para sustentar sua teoria da reificação capitalista:

> Não foi por acaso que a religiosidade revolucionária das seitas forneceu a ideologia às formas mais puras do capitalismo (Inglaterra, Estados Unidos) [...]. Pode-se até dizer que a junção calvinista – e igualmente revolucionária – de uma ética da provação (ascese intramundana) com a transcendência completa dos poderes objetivos que movem o mundo e moldam em seu conteúdo o destino humano (*Deus absconditus* e predestinação) representa, de maneira mistificadora, mas em estado puro, a estrutura burguesa e a consciência reificada.[21]

---

[19] Friedrich Engels, "Ludwig Feuerbach et la fin de la philosophie classique allemande", em Karl Marx e Friedrich Engels, *Sur la religion*, cit., p. 259.

[20] Idem, "Introduction à l'édition anglaise de *Socialisme utopique et socialisme scientifique*" (1892), em Karl Marx e Friedrich Engels, *Sur la religion,* cit., p. 294.

[21] G. Lukács, *Histoire et conscience de classe: études sur la dialectique marxiste* (Paris, Minuit, 1960), p. 237 [ed. bras.: *História e consciência de classe: estudos sobre a dialética marxista*, trad. Rodnei Nascimento, Martins Fontes, São Paulo, 2003].

MARX E ENGELS COMO SOCIÓLOGOS DA RELIGIÃO   43

Em nota de rodapé, Lukács remeteu, ao mesmo tempo, ao texto de Engels reproduzido nas linhas anteriores e aos "ensaios de Max Weber no primeiro volume de sua *Sociologia da religião*". Ele não se importou em saber se são compatíveis a interpretação marxista de Engels e a de Weber – considerada (justa ou injustamente) não materialista, mas "idealista": "Para avaliar os fatos, é absolutamente indiferente que aceitemos ou não sua [de Weber] interpretação causal"[22].

Ao examinar a revolução inglesa do século XVII sob a ótica da sociologia das religiões, Engels observou: "O segundo grande levante da burguesia encontrou no calvinismo uma doutrina que lhe caía como uma roupa sob medida". Se foi a religião, e não o materialismo, que proporcionou a doutrina a esse combate revolucionário, isso se deve à natureza politicamente reacionária dessa filosofia na Inglaterra de então:

> Com Hobbes, o materialismo entrou em cena como defensor da onipotência e das prerrogativas reais; apelava à monarquia absoluta para manter subjugado esse *puer robustus sed malitiosus* que era o povo. Foi assim com os sucessores de Hobbes, com Bolingbroke, Shaftesbury etc.; a nova forma deísta ou materialista manteve-se, como no passado, uma doutrina aristocrática, esotérica e, em consequência, odiosa para a burguesia [...]. Por conseguinte, em oposição a esse materialismo e a esse deísmo aristocráticos, as seitas protestantes, que haviam fornecido bandeira e combatentes à guerra contra os Stuart, continuaram a constituir a principal força da classe média progressista.[23]

Essa observação é significativa: rompendo com uma visão linear da história herdada do Iluminismo, Engels reconhece aqui que a luta entre materialismo e religião não corresponde necessariamente àquela entre revolução e contrarrevolução, entre progresso e regressão, entre liberdade e despotismo, entre classes dominadas e classes dominantes – ao contrário do que pretenderia, mais tarde, o marxismo oficial de feitio soviético[24]. Nesse caso em particular, a relação é exatamente a inversa: religião revolucionária contra materialismo absolutista...

---

[22]   Idem.

[23]   Friedrich Engels, "Introduction à l'édition anglaise de *Socialisme utopique et socialisme scientifique*", cit., p. 297-8.

[24]   Ver, por exemplo, o *Petit Dictionnaire Philosophique* (Moscou, Éditions en Langues Étrangères, 1955), p. 360, preparado por dois eminentes acadêmicos soviéticos, M. Rosenthal e P. Iudine: "O materialismo [...] sempre foi a concepção de mundo das classes sociais avançadas em luta pelo progresso e interessadas no desenvolvimento das ciências".

É curioso que, apesar de sua permanência de quarenta anos na Inglaterra, Engels nunca tenha se interessado pelos movimentos político-religiosos da revolução inglesa e, em especial, pelas correntes radicais, igualitárias e comunistas (*levelers, diggers*), que se manifestaram nessa grande insurreição. Ao contrário da Reforma alemã do século XVI, o movimento inglês foi analisado, quase exclusivamente, em sua dimensão burguesa.

Engels estava convencido de que a revolução puritana do século XVII fora a última em que a religião pudera desempenhar o papel de ideologia revolucionária: "O estandarte religioso tremulou pela última vez na Inglaterra no século XVII e, apenas cinquenta anos depois, a nova concepção clássica da burguesia, a concepção jurídica, entrou em cena na França, sem disfarce". A grande Revolução Francesa foi o primeiro levante burguês que "rejeitou totalmente a vestimenta religiosa e sustentou todos os seus combates no terreno abertamente político". A partir desse momento, a religião nada mais pôde ser que uma força social e politicamente retrógrada[25].

Foi por essa razão que ele (como Marx) expressou a maior perplexidade diante da persistente referência ao comunismo primitivo entre as primeiras correntes operárias e comunistas do século XIX. No artigo "Os progressos da reforma social no continente", de 1843, Engels admirou-se com o fato de que os comunistas franceses, "agora que são membros de uma nação conhecida por sua falta de fé, são, eles próprios, cristãos. Um de seus axiomas favoritos é o de que 'o cristianismo é o comunismo'. Tentam prová-lo com a Bíblia, o estatuto das comunidades nas quais se diz que viveram os primeiros cristãos etc.". Não teve outra explicação para esse paradoxo, a não ser o escasso conhecimento da... Bíblia entre os comunistas franceses: se estivessem mais familiarizados com as Escrituras, teriam compreendido que "o espírito geral de seus ensinamentos é totalmente oposto" ao comunismo. Ele constatou, por outro lado, que até o próprio Weitling, "o fundador do comunismo alemão", alegava, "exatamente como os *icariens* da França", que "o cristianismo é o comunismo". Ao rejeitar esse tipo de sincretismo político-religioso, Engels manifestou sua simpatia e sua concordância filosófica com os socialistas ingleses (isto é, os owenistas), que "lutam, como nós, contra os preconceitos religiosos" – ao

---

[25] Friedrich Engels, "Socialisme de juristes" (1887), em Karl Marx e Friedrich Engels, *Sur la religion*, cit., p. 264; e idem, "Introduction à l'édition anglaise de *Socialisme utopique et socialisme scientifique*", cit., p. 298.

contrário dos comunistas franceses, que "perpetuam a religião, arrastando-a trás de si como uma grilheta"[26]. Sabe-se que, em 1844, essas divergências quanto à religião impediriam um acordo entre Marx/Engels e os comunistas franceses em torno de uma revista comum (*Anais Franco-Alemães*) e provocariam também sua ruptura com Weitling em 1846, a propósito da circular contra o "comunismo do amor" de Hermann Kriege.

Trinta anos depois, Engels constatou, com satisfação, que o novo movimento operário socialista era não religioso – conceito que lhe pareceu mais pertinente que o de "ateu". Seu principal argumento para ridicularizar determinados revolucionários (blanquistas e bakuninistas), que pretenderiam "transformar as pessoas em ateus por ordem do *mufti*", "ab-rogar Deus por decreto" ou "fazer do ateísmo um artigo de fé obrigatório", era que, de todo modo, entre a maioria dos operários socialistas, notadamente na Alemanha e na França, o ateísmo "teve seu tempo": "Esse termo puramente negativo não se aplica mais a eles, pois não estão mais em oposição teórica, mas apenas prática, à crença em Deus; simplesmente, eles acabaram com Deus. Vivem e pensam no mundo real e, portanto, são materialistas"[27].

É evidente que esse diagnóstico relaciona-se com a hipótese fundamental de Engels, ou seja, de que, a partir do século XVIII, com o advento do Iluminismo (Voltaire!), o cristianismo entrara em sua última fase e tornara-se "incapaz de servir no futuro de cobertura ideológica para as aspirações de qualquer classe progressista"[28]. Todavia, em certas análises concretas, Engels estava mais disposto a reconhecer as diferenças e a existência de movimentos religiosos potencialmente subversivos ou de movimentos revolucionários que tomavam uma "forma" religiosa.

Por exemplo: em um artigo de 1853, sobre o conflito entre o bispo de Friburgo e as autoridades protestantes (o príncipe de Baden), Engels referiu-se à insurreição armada dos camponeses para defender seu clero (católico) e expulsar os militares prussianos. Como explicar esse inesperado retorno dos conflitos de religião do século XVII?

---

[26] Idem, "Les Progrès de la réforme sociale sur le continent" (1843), em Henri Desroche, *Socialismes et sociologie religieuse*, cit., p. 268-75.

[27] Friedrich Engels, "Literature d'émigrés" (1874), em Karl Marx e Friedrich Engels, *Sur la religion*, cit., p. 143.

[28] Idem, "Ludwig Feuerbach et la fin de la philosophie classique allemande", cit., p. 260 [ed. bras.: *Ludwig Feuerbach e o fim da filosofia alemã*, cit.].

46 MARX, ESSE DESCONHECIDO

O segredo consiste apenas no fato de que todos os movimentos populares que fermentam sob a superfície são forçados pelo governo a tomar de início a forma mística e impossível de vigiar de movimento religioso. Os membros do clero deixam-se iludir pela aparência e, acreditando que dirigem em seu proveito os sentimentos populares contra o governo, são na realidade instrumentos inconscientes e involuntários da própria revolução.[29]

Mais impressionante ainda é a análise que Engels propôs a respeito do Exército da Salvação na Inglaterra: em seu esforço para manter a qualquer custo o espírito religioso na classe operária, a burguesia inglesa "aceitou a perigosa ajuda do Exército da Salvação, que faz reviver a propaganda do cristianismo primitivo, declara que os pobres são os eleitos, combate o capitalismo a seu modo religioso e alimenta assim um elemento primitivo de antagonismo cristão de classe, suscetível de um dia tornar-se perigoso para os proprietários, que hoje são seus sócios em comandita"[30].

É ocioso acrescentar que as previsões de Engels estavam equivocadas e que nem os camponeses católicos de Baden, nem os salvacionistas tornaram-se "perigosos para os proprietários". Cabe destacar, porém, sua abertura à possibilidade do ressurgimento da religião como ideologia e cultura de um movimento anticapitalista revolucionário.

Isso se realizaria mais tarde, sob formas bem mais importantes que o Exército da Salvação – o qual, diga-se de passagem, também fascinaria Brecht, que lhe dedicou a peça *Santa Joana dos matadouros* –, com a esquerda cristã francesa dos anos 1930 aos anos 1970 e com a latino-americana dos anos 1960 até hoje (especialmente graças à Teologia da Libertação). Mas essa é outra história, que nem Marx nem Engels poderiam prever...

Em conclusão: herdeiros do hegelianismo de esquerda e do iluminismo, Marx e Engels criariam por sua vez um modo de análise da religião, baseado no estudo dos vínculos entre alterações econômicas, conflitos de classe e transformações religiosas. Apesar de nem sempre evitarem o reducionismo, eles abriram um campo de pesquisa que se mantém até hoje no centro da sociologia das religiões.

---

[29] Karl Marx e Friedrich Engels, "Die religiöse Bewegung in Preussen", *Zur Deutschen Geschichte* (Berlim, Dietz, 1954, II, I), p. 633-4.

[30] Friedrich Engels, "Introduction à l'édition anglaise de *Socialisme utopique et socialisme scientifique*", cit., p. 303.

KARL MARX, FRIEDRICH ENGELS E A ECOLOGIA[*]

É inegável que Marx e Engels se interessaram pelos problemas ambientais de sua época, criticando os danos causados pelo modo de produção capitalista. Podemos então conceber uma leitura ecológica de Marx? Quais são as aquisições do marxismo indispensáveis à constituição de um ecossocialismo à altura dos desafios do século XXI? E quais são as concepções de Marx que requerem uma "revisão" em função dessas exigências?

As breves notas que se seguem não têm a pretensão de responder a essas questões, mas somente de colocar algumas balizas para o debate.

Meu ponto de partida é a constatação de que: a) os temas ecológicos não ocupam um lugar central no dispositivo teórico marxiano; b) os escritos de Marx e Engels sobre a relação entre as sociedades humanas e a natureza estão longe de serem unívocos, e podem, portanto, ser objeto de interpretações diferentes.

Muitos ecologistas fazem críticas a Marx e a Engels, e somam-se aos marxistas que abandonam o paradigma vermelho para adotar o verde. Quais são seus principais argumentos?

Primeiramente, eles são descritos como pensadores "prometeicos"; esse termo, muito apreciado por alguns ecologistas, é vago e impreciso. O mito grego de Prometeu se refere ao desafio dos Deuses do Olimpo feito por aquele que trouxe o fogo para os humanos. É a razão da admiração de Marx pelo

---

[*] Inicialmente publicado em *Margem Esquerda: Ensaios Marxistas*. São Paulo, Boitempo, n. 3, 2004. A tradução original é de Marina Soler Jorge. Adaptações foram feitas para atualizar o texto de acordo com o original francês da presente obra. (N. E.)

MARX, ESSE DESCONHECIDO

personagem, que não tem muita coisa a ver com a civilização industrial capitalista e sua devastação da natureza...

Em seguida, eles são apresentados como defensores de um humanismo conquistador, que opõe o homem à natureza e faz dele o "senhor e possuidor" do mundo natural segundo a fórmula de Descartes. É verdade que encontramos em suas obras muitas referências ao "controle", à "supremacia" ou mesmo à "dominação" sobre a natureza. Por exemplo, segundo Engels, no socialismo, os seres humanos "que pela primeira vez se tornarão senhores reais e conscientes da natureza, porque (e à medida que) passam a ser senhores de sua própria socialização"[1]. Todavia, como veremos mais abaixo, os termos "supremacia" ou "dominação" da natureza remetem com frequência ao conhecimento das leis da natureza.

Por outro lado, o que surpreende desde os primeiros escritos de Marx é seu naturalismo patente, sua visão do ser humano como ser natural, inseparável de seu ambiente natural. A natureza, escreve Marx nos *Manuscritos de 1844*, "é o corpo inorgânico do homem". Ou ainda:

> Dizer que a vida psíquica e intelectual do homem está indissoluvelmente ligada à natureza não significa outra coisa senão que a natureza está indissoluvelmente ligada com ela mesma, pois o homem é uma parte da natureza.

Certamente, Marx reivindica para si o humanismo, mas ele define o comunismo como um humanismo que é, ao mesmo tempo, um "naturalismo acabado"; e, sobretudo, ele o concebe como a verdadeira solução para "o antagonismo entre o homem e a natureza". Graças à abolição positiva da propriedade privada, a sociedade humana se tornará "a unidade essencial completada do homem com a natureza, a verdadeira ressurreição da natureza, o naturalismo realizado do homem e o humanismo da natureza levado a efeito"[2].

Essas passagens não se referem diretamente ao problema ecológico – e às ameaças sobre o meio ambiente –, mas é da lógica desse tipo de naturalismo permitir uma abordagem da relação homem/natureza que não seja unilateral. Em um texto célebre de Engels sobre "O papel do trabalho na transformação

---

[1] Friedrich Engels, *Anti-Dühring* (Paris, Éditions Sociales, 1950), p. 322 [ed. bras.: *Anti-Dühring*, trad. Nélio Schneider, São Paulo, Boitempo, 2015, p. 319].

[2] Karl Marx, *Manuscrits de 1844. Économie politique et philosophie* (Paris, Éditions Sociales, 1962), p. 62, 87 e 89 [ed. bras.: *Manuscritos econômico-filosóficos*, trad. Jesus Ranieri, São Paulo, Boitempo, 2004, p. 85, 105, 107].

do macaco em homem" (1876), esse mesmo tipo de naturalismo serve de fundamento a uma crítica da atividade humana predatória sobre o meio ambiente:

> Entretanto, não fiquemos demasiado lisonjeados com nossas vitórias humanas sobre a natureza. Esta se vinga de nós por toda vitória desse tipo. Cada vitória até leva, num primeiro momento, às consequências com que contávamos, mas, num segundo e num terceiro momentos, tem efeitos bem diferentes, imprevistos, que com demasiada frequência anulam as primeiras consequências. As pessoas que acabaram com as florestas na Mesopotâmia, na Grécia, na Ásia Menor e em outros lugares para obter terreno cultivável nem sonhavam que estavam lançando a base para a atual desertificação dessas terras, retirando delas, junto com as florestas, os locais de acúmulo e reserva de umidade. Quando consumiram na encosta sul dos Alpes os bosques de pinheiros que eram cultivados com tanto cuidado na encosta norte, os italianos não desconfiaram de que estivessem cortando pela raiz a produção de laticínios de sua região; desconfiaram menos ainda de que, desse modo, estivessem drenando a água de suas fontes montanhosas durante a maior parte do ano, para que, na época das chuvas, pudessem derramar torrentes tanto mais caudalosas sobre a planície. Os introdutores da batata-inglesa na Europa não sabiam que, com o tubérculo farináceo, estavam disseminando também a escrofulose. E, assim, a cada passo somos lembrados de que não dominamos de modo nenhum a natureza como um conquistador domina um povo estrangeiro, ou seja, como alguém que se encontra fora da natureza mas fazemos parte e estamos dentro dela com carne e sangue e cérebro e todo o nosso domínio sobre ela consiste em que, distinguindo-nos de todas as outras criaturas, somos capazes de conhecer suas leis e aplicá-las corretamente.[3]

Certamente, esse exemplo tem um aspecto muito geral – ele não coloca em questão o modo de produção capitalista, mas as civilizações antigas –, porém ele não deixa de ser um argumento ecológico de uma surpreendente modernidade, tanto por colocar-se contra as destruições geradas pela produção como pela sua crítica ao desflorestamento.

Segundo os ecologistas, Marx, seguindo Ricardo, atribui a origem de todo valor e de toda riqueza ao trabalho humano, negligenciando a contribuição da natureza. Essa crítica resulta, na minha opinião, de um mal-entendido: Marx utiliza a teoria do valor-trabalho para explicar a origem do valor de troca, no âmbito do sistema capitalista. A natureza, por outro lado, participa da

---

[3] Friedrich Engels, *La dialectique de la nature*, Paris, Éditions Sociales, 1968, p. 180 [ed. bras.: *Dialética da natureza*, trad. Nélio Schneider, São Paulo, Boitempo, 2020, p. 347].

MARX, ESSE DESCONHECIDO

formação das verdadeiras riquezas, que não são valores de troca, mas valores de uso. Essa tese é muito explicitamente empregada por Marx na "Crítica do Programa de Gotha" contra as ideias de Lassalle e seus discípulos:

> O trabalho não é a fonte de toda riqueza. A natureza é fonte dos valores de uso (que são, de qualquer forma, a riqueza real!) tanto quanto o trabalho, que não é em si nada além da expressão de uma força natural, a força de trabalho do homem.[4]

Os ecologistas acusam Marx e Engels de produtivismo. Essa acusação é justificada?

Não, na medida em que ninguém denunciou tanto quanto Marx a lógica capitalista de produção pela produção, a acumulação de capital, de riquezas e de mercadorias como fim em si. A ideia mesma de socialismo – ao contrário de suas miseráveis contrafações burocráticas – é a de uma produção de valores de uso, de bens necessários à satisfação das necessidades humanas. O objetivo supremo do progresso técnico para Marx não é o crescimento infinito de bens ("o ter"), mas a redução da jornada de trabalho e o crescimento do tempo livre ("o ser")[5].

Em alguns escritos da juventude encontramos até a intuição que as forças produtivas têm um potencial destrutivo, como por exemplo nessa passagem de *A ideologia alemã*:

> No desenvolvimento das forças produtivas advém uma fase em que surgem forças produtivas e meios de intercâmbio que, no marco das relações existentes, causam somente malefícios e não são mais forças de produção, mas forças de destruição (maquinaria e dinheiro).[6]

---

[4] Karl Marx, *Critique des programmes de Gotha et d'Erfurt* (Paris, Éditions Sociales, 1950), p. 18 [ed. port.: *Crítica dos programas de Gotha e Erfurt*, trad. José Barata-Mora, Coimbra, Centelha, 1976). Ver também *Le Capital*, Livre I (Paris, Garnier-Flammarion, 1969), p. 47 [ed. bras.: *O capital: crítica da economia política*, Livro I: *O processo de produção do capital*, trad. Rubens Enderle, São Paulo, Boitempo, 2013, p. 121]: "O trabalho não é a única fonte dos valores de uso que ele produz, a única fonte da riqueza material. Como diz William Petty, o trabalho é o pai, e a terra é a mãe da riqueza material".

[5] Sobre a oposição entre "ter" e "ser", ver *Manuscrits de 1844*, cit., p. 103 [ed. bras.: *Manuscritos econômico-filosóficos*, cit., p. 142]: "Quanto menos tu *fores*, quanto menos externares a tua vida', tanto mais *tens*, tanto maior é a tua vida *exteriorizada*, tanto mais acumulas da tua essência estranhada". Sobre o tempo livre como principal base do socialismo, ver: *Das Kapital*, III, cit., p. 828 [ed. bras.: *O capital*, livro III, cit.

[6] Karl Marx, *L'Idéologie allemande* (Paris, Éditions Sociales), p. 67-68 [ed. bras.: *A ideologia alemã*, trad. Luciano Cavini Martorano, Nélio Schneider e Rubens Enderle, São Paulo, Boitempo, 2007, p. 41].

KARL MARX, FRIEDRICH ENGELS E A ECOLOGIA   51

Infelizmente, essa ideia não é desenvolvida e não é certo que a destruição da qual se trata aqui seja também aquela da natureza.

No entanto, é verdade que se encontra frequentemente em Marx e Engels (e ainda mais no marxismo ulterior) uma postura pouco crítica a respeito do sistema de produção industrial criado pelo capital e uma tendência a fazer do "desenvolvimento das forças produtivas" o principal vetor do progresso. O texto "canônico" desse ponto de vista é o célebre "Prefácio à contribuição à crítica da economia política" (1859), um dos escritos de Marx mais marcados por um certo evolucionismo, pela filosofia do progresso, pelo cientificismo (o modelo das ciências da natureza) e por uma visão nada problematizada das forças produtivas:

> Em uma certa etapa de seu desenvolvimento, as forças produtivas materiais da sociedade entram em contradição com as relações de produção existentes [...] De formas de desenvolvimento das forças produtivas essas relações se transformam em seus grilhões (*entraves*). Sobrevém então uma época de revolução social. [...] Uma formação social nunca perece antes que estejam desenvolvidas todas as forças produtivas para as quais ela é suficientemente desenvolvida [...].[7]

Nessa passagem célebre, as forças produtivas aparecem como "neutras", e a revolução tem por tarefa tão somente abolir as relações de produção que se tornaram um "entrave" a um desenvolvimento ilimitado daquelas.

A seguinte passagem dos *Grundrisse* é um bom exemplo da admiração muito pouco crítica de Marx pela obra "civilizatória" da produção capitalista e por sua instrumentalização brutal da natureza:

> Deste modo, então, a produção fundada sobre o capital cria por um lado a indústria universal, ou seja, o sobretrabalho ao mesmo tempo que o trabalho criador de valores; por outro lado, um sistema de exploração geral das propriedades da natureza e do homem [...]. O capital começa então a criar a sociedade burguesa e a apropriação universal da natureza e estabelecer uma rede que engloba todos os membros da sociedade: esta é a grande ação civilizatória do capital.
> Ele se eleva a um nível social tal que todas as sociedades anteriores aparecem como desenvolvimentos puramente locais de humanidade e como uma idolatria da natureza. Com efeito, a natureza torna-se um puro objeto para o homem, uma coisa útil. Não é mais reconhecida como uma potência. A inteligência teórica das leis naturais

---

[7] Karl Marx, "Préface à la *Contribution à la critique de l'économie politique*" (Paris, Éditions Sociales, 1977), p. 3. [A tradução deste trecho tem como base a seguinte edição em português: Karl Marx, *Para a crítica da economia política; Salário, preço e lucro; O rendimento e suas fontes* (São Paulo, Abril Cultural, 1982, coleção Os Economistas). (N. T.).]

MARX, ESSE DESCONHECIDO

tem todos os aspectos de um estratagema que procura submeter a natureza às necessidades humanas, seja como objeto de consumo, seja como meio de produção.[8]

Em um capítulo – intitulado "Michael Löwy e o ecossocialismo" – de seu notável livro (póstumo), *Le Communisme*, Lucien Sève critica minha interpretação desta passagem:

> Como tal texto pode ser considerado um elogio? Na realidade, não se poderia formular uma apreciação crítica mais feroz do papel 'civilizador' do capitalismo; este texto, no que diz respeito à natureza, vai na mesma direção acusatória daqueles, numerosos, de que Michael Löwy reconhece a exatidão.[9]

Certamente, a frase "a natureza se torna um objeto puro para o homem" poderia ser interpretada como crítica. Mas parece difícil considerar a referência à obra civilizadora (sem aspas) do capital como "ferozmente crítica". Tanto mais porque Marx aparenta colocar aqui a civilização capitalista em um patamar superior, graças à sua "apropriação universal da natureza", um patamar muito mais elevado que o das sociedades anteriores, culpadas pela "idolatria da natureza". A seguinte passagem do mesmo parágrafo confirma essa visão do papel "progressista" do capital:

> O capital, de acordo com essa sua tendência, move-se para além tanto das fronteiras e dos preconceitos nacionais quanto da divinização da natureza [...] e da reprodução do modo de vida anterior.[10]

Essa visão ainda pouco crítica da relação entre capitalismo e natureza será superada nos anos seguintes. Na realidade, é preciso considerar os escritos de Marx (ou Engels) sobre a natureza não como um bloco uniforme, mas como um pensamento *em movimento*. Essa é a contribuição de um livro recente do jovem pesquisador japonês Kohei Saito, *Karl Marx's Ecosocialism: Capitalism,*

---

[8] Karl Marx, *Fondements de la critique de l'économie politique* (Paris, Anthropos, 1967), p. 366-7.

[9] Lucien Sève, *Penser Marx aujourd'hui: "Le communisme"?*, t. IV, seconde partie: "Quel communisme pour le XXIᵉ siècle?" (Paris, La Dispute, 2021), p. 72.

[10] Karl Marx, *Manuscrits de 1857-1858*, dits "Grundrisse" (Paris, Éditions Sociales, 2011), p. 371 [ed. bras.: *Grundrisse: Manuscritos econômicos de 1857-1858. Esboços da crítica da economia política*, trad. Mario Duayer e Nélio Schneider, São Paulo, Boitempo, 2011, p. 334]. Para um ecomarxista dos dias de hoje, o que Marx chamou de "idolatria da natureza" seria percebido antes como a luta legítima das sociedades tradicionais (indígenas) em defesa de suas terras sagradas, de suas florestas e de seus rios, contra a ação destrutiva da "civilização" capitalista...

*Nature, and the Unfinished Critique of Political Economy**: ele mostra a evolução das reflexões de Marx sobre o ambiente natural, em um processo de aprendizado, retificação e reformulação de seu pensamento.

Com certeza, em determinadas questões, pode-se visualizar grande continuidade em seus escritos. Esse é particularmente o caso da recusa da "separação" capitalista entre os seres humanos e a terra, ou seja, a natureza. Marx estava convencido de que, nas sociedades primitivas, vigorava uma espécie de unidade entre os produtores e a terra, e ele via como uma das importantes tarefas do socialismo restabelecer essa unidade destruída pela sociedade burguesa, mas agora em um nível superior (negação da negação). Isso explica o interesse de Marx pelas comunidades pré-modernas, seja em sua reflexão ecológica (por exemplo, a partir de Carl Fraas), seja em sua pesquisa antropológica (Franz Maurer) – dois autores que ele considerava "socialistas inconscientes".

Todavia, na maioria das questões sobre o meio ambiente, Saito aponta mudanças notáveis. Antes de *O capital** (1867), encontra-se nos escritos de Marx uma visão demasiadamente acrítica do "progresso" capitalista – uma atitude frequentemente descrita pelo termo mitológico bastante vago "prometeísmo". Isso é evidente no *Manifesto Comunista***, que celebra a "subjugação das forças da natureza" e a "limpeza de continentes inteiros" pela burguesia. Mas o mesmo se aplica aos *Cadernos de Londres* (1851)***, aos *Manuscritos econômicos de 1861-1863**** e a outros escritos daqueles anos. Curiosamente, Saito (assim como John Bellamy Foster antes dele) parece excluir os *Grundrisse* (1857-1858) dessa crítica, o que não parece justificado, como vimos. As mudanças começam a partir de 1865-1866, quando Marx descobre, lendo os escritos do químico agrícola Justus von Liebig, os problemas do esgotamento

---

*   Kohei Saito, *Karl Marx's Ecosocialism: Capitalism, Nature, and the Unfinished Critique of Political Economy* (Nova York, Monthly Review, 2017) [Kohei Saito, *O ecossocialismo de Karl Marx: capitalismo, natureza e crítica inacabada à economia política*, trad. Pedro Davoglio, São Paulo, Boitempo, 2021].

**   Karl Marx, *Das Kapital*, band 1: *der Produktionsprozess des Kapitals* ([s. l.], Severus, 2021) [ed. bras.: *O capital: crítica da economia política*, Livro I: *O processo de produção do capital*, trad. Rubens Enderle, São Paulo, Boitempo, 2013]. (N. E.)

***   *Manifesto Comunista* (trad. Álvaro Pina e Ivana Jinkings, São Paulo, Boitempo, 1998). (N. E.)

****   Eric De Mare, *London 1851: The Year of the Great Exhibition* ([s. l.], Everyman Ltd., 1973). (N. E.)

***** *Manuscritos Econômicos de Marx de 1861 a 1863* (trad. UTL [s. l.], [s. n.], [s. d.]). (N. E.)

54 MARX, ESSE DESCONHECIDO

dos solos e a ruptura metabólica entre as sociedades humanas e a natureza. Isso o levará, no volume I de *O capital* (1867), mas também nos outros dois volumes inacabados, a uma visão muito mais crítica dos danos causados pelo "progresso" capitalista. Depois de 1868, ao ler o trabalho de outro cientista alemão, Carl Fraas, ele também descobriria outras questões ecológicas importantes, como o desmatamento e as mudanças climáticas locais.

Pode-se encontrar, assim, em várias passagens de *O capital* sobre a agricultura, o esboço de uma verdadeira problemática ecológica e uma crítica radical às catástrofes resultantes do produtivismo capitalista. Marx propõe uma espécie de *teoria da ruptura do metabolismo* entre as sociedades humanas e a natureza, em consequência do produtivismo capitalista[11]. O ponto de partida de Marx são os trabalhos do químico e agrônomo alemão Liebig, entre cujos "méritos imortais" [...] está o de "ter analisado o aspecto negativo da agricultura moderna de um ponto de vista científico"[12]. A expressão "*Riß des Stoffwechsels*", literalmente "ruptura" ou "distensão" do "metabolismo" ou das "trocas materiais", aparece em particular em uma passagem do capítulo 47, "Gênese da renda capitalista da terra", do livro III de *O capital*:

> Por outro lado, a grande propriedade do solo reduz a população agrícola a um mínimo em diminuição constante e opõe-lhe uma população industrial cada vez maior, aglomerada em grandes cidades, gerando assim as condições para uma ruptura irremediável no metabolismo social, prescrito pelas leis naturais da vida; dessa ruptura decorre o desperdício da força da terra, o qual, em virtude do comércio, é levado muito além das fronteiras do próprio país. [...] A indústria e a agricultura em grande escala, exploradas de modo industrial, atuam de forma conjunta. Se num primeiro momento elas se distinguem pelo fato de que a primeira devasta e destrói mais a força de trabalho e, com isso, a força natural do homem, ao passo que a segunda depreda mais diretamente a força natural da terra, posteriormente, no curso do desenvolvimento, ambas se dão as mãos, uma vez que o sistema industrial na zona rural também exaure

---

[11] Tomo este termo e a análise que se segue do importante trabalho de John Bellamy Foster, *Marx's Ecology: Materialism and Nature* (Nova York, Monthly Review, 2001), p. 155-67 [ed. bras.: *A ecologia de Marx: materialismo e natureza*, trad. Maria Tereza Machado, Rio de Janeiro, Civilização Brasileira, 2005].

[12] Karl Marx, *Le Capital*, t. I (trad. Joseph Roy, Paris, Éditions Sociales, 1969), p. 660 [ed. bras.: *O capital: crítica da economia política*, Livro I: *O processo de produção do capital*, trad. Rubens Enderle, São Paulo, Boitempo, 2013, p. 573].

os trabalhadores, enquanto a indústria e o comércio, por sua vez, fornecem à agricultura os meios para o esgotamento do solo.[13]

Como a maioria dos exemplos que veremos a seguir, a atenção de Marx se concentra sobre a agricultura e o problema da devastação dos solos, mas ele vincula esta questão a um princípio mais geral: a ruptura no sistema de trocas materiais (*Stoffwechsel*) entre as sociedades humanas e o meio ambiente, em contradição com "as leis naturais da vida". É interessante notar assim duas sugestões importantes, ainda que pouco desenvolvidas por Marx: a cooperação entre indústria e agricultura neste processo de ruptura, e a extensão dos danos, graças ao comércio internacional, a uma escala global.

O tema da ruptura do metabolismo se encontra também numa passagem conhecida do livro I de *O capital*: a conclusão do capítulo sobre a grande indústria e a agricultura. É um dos raros textos de Marx no qual se coloca explicitamente a questão das devastações provocadas pelo capital sobre o ambiente natural – assim como uma visão dialética das contradições do "progresso" induzidas pelas forças produtivas:

> Com a preponderância sempre crescente da população urbana que amontoa em grandes centros, a produção capitalista acumula, por um lado, a força motriz histórica da sociedade, mas perturba, por outro lado, o metabolismo (*Stoffwechsel*) entre homem e terra, isto é, o retorno dos componentes da terra consumidos pelo homem, sob forma de alimentos e vestuários, à terra, portanto, a eterna condição natural de fertilidade permanente (*dauernder*) do solo. Com isso, ela destrói simultaneamente a saúde física dos trabalhadores urbanos e a vida espiritual dos trabalhadores rurais. Mas, ao destruir as condições desse metabolismo, desenvolvidas espontaneamente, obriga-o, simultaneamente, a restaurá-lo de maneira sistemática, como lei reguladora da produção social e numa forma adequada ao pleno desenvolvimento humano. [...]. E cada progresso da agricultura capitalista não é só um progresso da arte de saquear o solo, pois cada progresso no aumento da fertilidade por certo período é simultaneamente um progresso na ruína das fontes permanentes dessa fertilidade. Quanto mais um país, como, por exemplo, os Estados Unidos da América do Norte, se inicia com a grande indústria como fundamento de seu desenvolvimento, tanto mais rápido esse processo de destruição. Por isso, a produção capitalista só desenvolve a técnica e a combinação do

---

[13] Karl Marx, *Das Kapital, III*, cit., 1960; *Werke*, v. 25, p. 821 [ed. bras.: *O capital*, Livro III, cit., p. 873].

processo de produção social ao minar simultaneamente as fontes de toda a riqueza: a terra e o trabalhador.[14]

Muitos aspectos são notáveis nesse texto: primeiramente, a ideia de que o progresso pode ser destrutivo, um "progresso" na degradação e na deterioração do meio ambiente natural. O exemplo escolhido não é o melhor, e parece limitado demais – a perda da fertilidade do solo –, mas ele ao menos coloca a questão mais geral das agressões ao meio natural, às "condições naturais eternas", pela produção capitalista. A exploração e o aviltamento dos trabalhadores e da natureza são postos em paralelo, como resultado da mesma lógica predatória, aquela da grande indústria e da agricultura capitalista. É um tema retomado frequentemente em *O capital*, por exemplo nestas passagens do capítulo sobre a jornada de trabalho:

> A limitação da jornada de trabalho nas fábricas foi ditada pela mesma necessidade que forçou a aplicação do guano nos campos ingleses. A mesma rapacidade cega que, num caso, exauriu o solo, no outro matou na raiz a força vital da nação [...]. Mas em seu impulso cego e desmedido, sua voracidade de lobisomem por mais-trabalho, o capital transgride não apenas os limites morais da jornada de trabalho, mas também seus limites puramente físicos [...] Ele atinge esse objetivo por meio do encurtamento da duração da força de trabalho, como um agricultor ganancioso que obtém uma maior produtividade da terra roubando dela sua fertilidade.[15]

A associação direta entre a exploração do proletariado e a da natureza, a despeito de seus limites, abre um campo de reflexão sobre a articulação entre luta de classes e luta em defesa do meio ambiente, em um combate comum contra a dominação do proletariado.

Esses diferentes textos colocam em evidência a contradição entre a lógica imediatista do capital e a possibilidade de uma agricultura "racional" fundada sobre uma temporalidade muito mais longa e numa perspectiva durável e intergeracional que respeita o meio ambiente:

---

[14] Karl Marx, *Le Capital*, I, cit., p. 363, revisto e corrigido com base no original alemão, *Das Kapital*, I, cit, p. 528-30. [A tradução deste trecho tem como base a edição em português: Karl Marx, O capital, v. 1, t. 2 (São Paulo, Abril Cultural, 1984, coleção Os Economistas). (N. T.).]

[15] Karl Marx, *Le Capital*, I, cit., p. 183-200 [ed. bras.: *O capital: crítica da economia política*, Livro I: *O processo de produção do capital*, trad. Rubens Enderle, São Paulo, Boitempo, 2013, p. 313-38].

Químicos agrícolas absolutamente conservadores, como Johnston, admitem que uma agricultura de fato racional encontra por toda parte barreiras insuperáveis na propriedade privada. [...] Todo o espírito da produção capitalista, orientado para o lucro monetário direto e imediato contradiz a agricultura, que deve operar com o conjunto das condições vitais permanentes das sucessivas gerações de seres humanos. Um exemplo flagrante disso são as florestas, que só às vezes, e até certo ponto, são exploradas de acordo com o interesse geral, quando não são propriedade privada submetida à administração estatal.[16]

Depois do esgotamento do solo, o outro exemplo de catástrofe ecológica sugerido pelos textos de Marx e Engels citados até aqui é aquele da destruição das florestas. Ele aparece repetidas vezes em *O capital*:

[...] o desenvolvimento da civilização e da indústria em geral [...] mostrou-se sempre tão enérgico na destruição de florestas que tudo o que esse mesmo desenvolvimento tem feito para a conservação e a produção de árvores é absolutamente insignificante.[17]

Os dois fenômenos — a degradação das florestas e a do solo — estão aliás estreitamente ligados em suas análises. Em uma passagem de *Dialética da natureza*, Engels cita a destruição das florestas cubanas pelos grandes produtores de café espanhóis e a desertificação do solo resultante como exemplo da atitude imediatista e predatória do "atual modo de produção" para com a natureza, e de sua indiferença aos "efeitos naturais" nocivos das suas ações a longo prazo[18].

O problema da poluição do meio ambiente não está ausente de suas preocupações, mas é abordado quase que exclusivamente sob o ângulo da insalubridade dos bairros operários nas grandes cidades inglesas. O exemplo mais evidente são as páginas de *A condição da classe trabalhadora na Inglaterra*, nas quais Engels descreve com horror e indignação a acumulação de dejetos e resíduos industriais nas ruas e nos rios, o gás carbônico que toma o lugar do oxigênio e envenena a atmosfera, as "das emanações dos cursos de água poluídos"[19] etc. Implicitamente, essas passagens e outras análogas põem em

---

[16] Karl Marx, *Das Kapital*, III, cit., p. 630-1 [ed. bras.: *O capital*, Livro III, cit., 678].

[17] Karl Marx, *Das Kapital*, II, cit., p. 247 [ed. bras.: *O capital*, Livro II, cit., p. 338].

[18] Friedrich Engels, *Dialectics of Nature* (Moscou, Progress Publishers, 1964), p. 185 [ed. bras.: *Dialética da natureza*, trad. Nélio Schneider, São Paulo, Boitempo, 2020, p. 337].

[19] Friedrich Engels, *The Condition of the Working-Class in England* (1844), retomado em Marx, Engels, *On Britain* (Moscow, Foreign Language Publishing House, 1953), p. 129-130

questão a poluição do meio ambiente pela atividade industrial capitalista, mas a questão não é nunca colocada diretamente.

Como Marx e Engels definem o programa socialista em relação ao ambiente natural? Quais as transformações que o sistema produtivo deve conhecer para tornar-se compatível com a preservação da natureza?

Os dois pensadores parecem com frequência conceber a produção socialista simplesmente como a apropriação *coletiva* das forças e dos meios de produção desenvolvidos pelo capitalismo: uma vez abolidos os "grilhões" que as relações de produção e em particular as relações de propriedade representam, essas forças poderão se desenvolver sem entraves. Haveria então um tipo de continuidade substancial entre o aparelho produtivo capitalista e o socialista, a aposta socialista sendo antes de tudo a gestão planificada e racional dessa civilização material criada pelo capital.

Por exemplo, na célebre conclusão do capítulo sobre a acumulação primitiva do capital, Marx escreve:

> O monopólio do capital torna-se um entrave para o modo de produção que floresceu com ele e sob ele. A centralização dos meios de produção e a socialização do trabalho atingem um ponto em que se tornam incompatíveis com seu invólucro capitalista. Ele é arrebentado. Soa a hora final da propriedade privada capitalista. [...] A produção capitalista produz, com a inexorabilidade de um processo natural, sua própria negação.[20]

Independentemente do determinismo fatalista e positivista, essa passagem parece deixar intacta, na perspectiva socialista, o conjunto do modo de produção criado "sob os auspícios" do capital, pondo em questão apenas "o invólucro" da propriedade privada, transformada em um "entrave" para as forças (*ressorts*) materiais da produção. A mesma lógica "continuísta" preside certas passagens do *Anti-Dühring*, onde se trata do socialismo como sinônimo do desenvolvimento ilimitado das forças produtivas:

> A força de expansão dos meios de produção rompe as amarras que o modo de produção capitalista lhe impôs. Sua libertação dessas amarras é a única precondição de um desenvolvimento ininterrupto das forças produtivas (que avança com

---

[ed. bras.: *A situação da classe trabalhadora na Inglaterra*, trad. Marcelo Backes, São Paulo, Boitempo, 2008, p. 137].

[20] Karl Marx, *Le Capital*, I, cit., p. 566-7. [A tradução deste trecho tem como base a edição em português: Karl Marx, *O capital* (v. I, t. 2, cit.). (N.T.).]

rapidez cada vez maior) e, desse modo, de um aumento praticamente irrestrito da própria produção.[21]

Não é necessário dizer que o problema do meio ambiente está ausente desta concepção da passagem ao socialismo. No entanto, é possível encontrar outros escritos que levam em consideração a dimensão ecológica do programa socialista e abrem algumas pistas interessantes. Vimos que os *Manuscritos de 1844* se referem ao comunismo como "a verdadeira solução para o antagonismo entre o ser humano e a natureza". E na passagem citada abaixo do volume I de *O capital* Marx deixa entender que as sociedades pré-capitalistas asseguram "espontaneamente" (*naturwüchsig*) o *Stoffwechsel*, o metabolismo entre os grupos humanos e a natureza; no socialismo (a palavra não aparece diretamente, mas podemos inferir pelo contexto) deveremos restabelecê-lo de forma sistemática e racional, "como lei reguladora da produção social". É pena que nem Marx nem Engels tenham desenvolvido essa intuição fundada na ideia de que as comunidades pré-capitalistas viviam espontaneamente em harmonia com o seu meio natural, e que a tarefa do socialismo é restabelecer essa harmonia sobre novas bases[22].

Certas passagens de Marx parecem considerar a conservação do meio ambiente natural como uma tarefa fundamental do socialismo. Por exemplo, o volume III de *O capital* opõe a lógica capitalista da grande produção agrícola, fundada sobre a exploração e desperdício das forças do solo, a uma outra lógica, de natureza socialista: "o cultivo racional e consciente do solo como propriedade perene da comunidade, condição inalienável da existência e da reprodução das gerações humanas que se substituem umas às outras". Um raciocínio análogo se encontra algumas páginas mais acima:

> Mesmo uma sociedade inteira, uma nação, ou, mais ainda, todas as sociedades contemporâneas reunidas não são proprietárias da Terra. São apenas possuidoras, usufrutuárias dela, e, como *boni patres familias* [bons pais de famílias], devem legá-la melhorada às gerações seguintes.[23]

---

[21] Friedrich Engels, *Anti-Dühring*, cit., p. 321 [ed. bras.: *Anti-Dühring*, cit., p. 318].

[22] Esse aspecto do texto se perdeu na tradução francesa feita por J. P. Lefebvre, citado na tradução do artigo de Ted Benton, já que "*naturwüchsig*", "spontané", foi traduzido como "origem simplesmente natural".

[23] Karl Marx, *Das Kapital*, III, cit., p. 784 e 820 [ed. bras.: *O capital*, Livro III, cit., p. 836 e 872]. A palavra socialismo não aparece nessas passagens, mas está implícita.

60 MARX, ESSE DESCONHECIDO

Em outras palavras: Marx parece aceitar o "Princípio Responsabilidade" (*"Principe Responsabilité"*) caro a Hans Jonas, a obrigação de cada geração de respeitar o meio ambiente – condição de existência das próximas gerações.

Em alguns textos o socialismo está associado à abolição da separação entre cidades e campo, e dessa forma à supressão da poluição industrial urbana: "Somente com a fusão de cidade e campo poderá ser eliminado o atual envenenamento do ar, da água e do solo, somente com ela as massas que atualmente definham nas cidades poderão ter seu excremento utilizado para a geração de plantas, em vez de para a geração de doenças"[24]. A formulação é inadequada – a questão sendo reduzida a um problema de metabolismo dos dejetos humanos! –, mas uma questão essencial é colocada: como pôr fim ao envenenamento industrial do meio ambiente? O romance utópico do grande escritor marxista libertário William Morris, *Notícias de lugar nenhum* (1890), é uma tentativa fascinante de imaginar um mundo socialista novo, onde as grandes cidades industriais tenham cedido lugar a um hábitat urbano/rural que respeite o ambiente natural.

Enfim, sempre no mesmo volume III de *O capital*, Marx não define mais o socialismo como a dominação ou o controle humano sobre a natureza, mas antes como controle sobre as trocas materiais com a natureza: na esfera da produção material,

> [...] a liberdade não pode ser mais do que fato de que o homem socializado, os produtores associados, regulem racionalmente esse seu metabolismo com a natureza, submetendo-o a seu controle coletivo, em vez de serem dominados por ele como por um poder cego.[25]

---

[24] Friedrich Engels, *Anti-Dühring*, cit., p. 335 [ed. bras.: *Anti-Dühring*, p. 330]. Ver também a seguinte passagem de *La question du logement* (Paris, Éditions Sociales, 1957), p. 102, de Engels: "A supressão da oposição entre cidade e campo não é mais uma utopia do que a supressão do antagonismo entre capitalistas e trabalhadores [...]. Ninguém a reclamou com mais força que Liebig em seus trabalhos sobre química agrícola, nos quais pede em primeiro lugar e constantemente que o homem devolva à terra o que dela recebe e em que demonstra que apenas a existência das cidades, especialmente das grandes cidades, impede isso". O resto do argumento gira em torno, mais uma vez, dos "fertilizantes naturais" produzidos pelas grandes cidades.

[25] Marx, *Das Kapital*, vol. III, p. 828 [ed. bras.: *O capital*, Livro III, cit., p. 883]. Ted Benton, que parece ter lido este texto em tradução, se questiona se, ao falar de "controlar juntos", Marx está se referindo à natureza ou à troca com ela. O texto em alemão não deixa espaço para dúvidas, já que se trata do masculino (*ihm*) da palavra "metabolismo" e não do feminino de "natureza".

Não seria difícil encontrar outros exemplos de uma real sensibilidade à questão do ambiente natural da atividade humana. No entanto, não é menos verdade que Marx e Engels carecem de uma perspectiva ecológica de conjunto.

Sobre esse assunto, Saito parece estar no caminho errado quando escreve que, para Marx, "a insustentabilidade ambiental é a contradição do sistema" (grifo do autor); ou que em seus últimos anos Marx via o colapso metabólico como "o problema mais sério do capitalismo"; ou, ainda, que o conflito com os limites naturais é, para ele, "a principal contradição do modo de produção capitalista"[26]. Eu me pergunto onde Saito encontrou, nos escritos de Marx – livros publicados, manuscritos ou cadernos de notas –, tais afirmações... Elas não existem, e por uma boa razão: a insustentabilidade do sistema capitalista *ainda não era* uma questão decisiva no século XIX, como se tornou hoje, ou melhor, desde 1945, quando o planeta entrou em uma nova era geológica, o Antropoceno.

Minha outra discordância tem a ver com a ideia de que a ruptura metabólica, ou o conflito com os limites naturais, é "um problema do capitalismo" ou "uma contradição do sistema": é muito mais do que isso! É uma contradição entre o sistema capitalista e as "eternas condições naturais" (Marx), e, portanto, com as condições naturais da vida humana no planeta. Na verdade, como observa Paul Burkett (citado por Saito), o capital pode continuar a se acumular, sob quaisquer condições naturais, mesmo degradadas, enquanto não houver a extinção total da vida humana.

Se é verdade que a ecologia não ocupa um lugar central no aparato teórico e político de Marx e Engels, não é menos verdade que é impossível pensar em uma ecologia crítica à altura dos desafios contemporâneos sem levar em conta a crítica marxiana da economia política e sua análise da ruptura do metabolismo entre as sociedades humanas e a natureza. Uma ecologia que ignora ou despreza o marxismo e sua crítica ao fetichismo da mercadoria está condenada a ser nada mais que um corretivo para os "excessos" do produtivismo capitalista.

A partir dos escritos de Marx e Engels, desenvolveu-se nos Estados Unidos uma reflexão marxista ecológica, iniciada por John Bellamy Foster, com a participação de Paul Burkett, Brett Clark, Fred Magdoff e muitos outros – e o apoio da *Monthly Review*, uma das mais importantes publicações da esquerda norte-americana –, reflexão que, em seu conjunto, se define como *a escola*

---

[26] Kohei Saito, *Karl Marx's Ecosocialism*, cit., p. 142.

da ruptura metabólica. Esses autores deram uma contribuição notável para a redescoberta da dimensão ecológica na obra dos fundadores do comunismo moderno, ainda que se possa criticar certa tendência a exagerá-la.

Poderíamos concluir provisoriamente esta discussão com uma sugestão, que me parece pertinente, avançada por Daniel Bensaïd em sua notável obra consagrada a Marx: reconhecendo que seria tão abusivo exonerar Marx das ilusões "progressistas" ou "prometeicas" de seu tempo, como fazer dele uma voz a favor da industrialização desmedida, ele nos propõe um caminho bem mais fecundo: instalar-se nas contradições de Marx e tomá-las a sério. A primeira dessas contradições sendo, com certeza, aquela entre o credo produtivista de certos textos e a intuição de que o progresso pode ser a fonte da destruição irreversível do meio ambiente[27].

A questão ecológica é, na minha visão, *a questão social e política central do século XXI*, e portanto o grande desafio para uma renovação do pensamento marxista em nosso tempo. Um processo de mudança climática está em andamento, o qual corre o risco de se tornar incontrolável e irreversível – se ultrapassarmos os fatídicos 1,5 grau Celsius de aquecimento –, com consequências dramáticas, colocando em perigo as próprias condições de sobrevivência humana. As causas dessa ameaça sem precedentes na história são conhecidas: as emissões de CO_2 resultantes do modo de produção capitalista e, especialmente, de seu uso em larga escala, desde o século XVIII, dos combustíveis fósseis.

Essa crise ecológica, que já começou, exige dos marxistas uma ruptura radical com a ideologia do progresso linear e com o paradigma tecnológico e econômico da civilização industrial moderna. Certamente, não se trata – isto é evidente – de colocar em questão a necessidade do progresso científico e técnico e da elevação da produtividade do trabalho: essas são duas condições incontornáveis para dois objetivos essenciais do socialismo: a satisfação das necessidades sociais e a redução da jornada de trabalho. O desafio é reorientar o progresso de maneira a torná-lo compatível com a preservação do equilíbrio ecológico do planeta, o que implica mudanças profundas na própria maneira de conceber a ciência e a tecnologia.

O calcanhar de aquiles do raciocínio de Marx e Engels era, em alguns textos "canônicos", uma concepção acrítica das forças produtivas capitalistas –

---

[27] Daniel Bensaïd, *Marx l'intempestif* (Paris, Fayard, 1995), p. 347 [ed. bras.: *Marx, o intempestivo*, cit.]

ou seja, do aparelho técnico/produtivo capitalista/industrial moderno –, como se elas fossem "neutras" e como se fosse suficiente aos revolucionários socializá-las, substituir sua apropriação privada por uma apropriação coletiva, fazendo-as funcionar em benefício dos trabalhadores e desenvolvendo-as de maneira ilimitada. Creio que seria necessário aplicar no aparelho produtivo moldado pelo capital o mesmo raciocínio que Marx propunha, em *A guerra civil na França* (1871), para o tema do aparelho de Estado: "A classe trabalhadora não pode se contentar em tomar tal e qual a máquina do Estado e fazê-la funcionar por sua própria conta"[28]. *Mutatis mutandis*, os trabalhadores não podem se contentar em tomar tal e qual a "máquina" produtiva capitalista e fazê-la funcionar por sua própria conta: eles devem transformá-la radicalmente – o equivalente daquilo que Marx chama numa carta a Kugelmann sobre a Comuna de Paris, "destruir o aparelho de Estado" burguês – em função de critérios socialistas e ecológicos. O que implica não apenas a substituição das formas de energia destrutivas por fontes de energia renováveis e não poluentes, como a energia solar, mas também uma profunda transformação do sistema produtivo herdado do capitalismo, assim como do sistema de transportes e do sistema de habitação urbana.

Em poucas palavras, o ecossocialismo implica uma radicalização da ruptura com a civilização material capitalista. Nessa perspectiva, o projeto socialista visa não apenas uma nova sociedade e um novo modo de produção, mas *também um novo paradigma de civilização*.

Não é possível conceber uma alternativa ecossocialista ao atual processo de destruição dos fundamentos naturais da vida no planeta sem levar em conta a crítica de Marx e Engels ao capitalismo, à lógica cega do valor, à submissão brutal dos seres humanos e da natureza aos imperativos da acumulação de capital. E não é possível pensar em um futuro comunista sem fazer referência às suas propostas: coletivização dos meios de produção, produção de valores de uso e não de valores de comércio, planejamento democrático da produção e do consumo.

Mas é preciso, ao mesmo tempo, incorporar à reflexão marxista os desafios ecológicos do século XIX: a luta contra a mudança climática, a eliminação das energias fósseis, a redução maciça de produções desnecessárias, o desenvolvimento de energias renováveis, a agricultura orgânica em vez da indústria

---

[28] Karl Marx, *La guerre des classes en France 1871*, em Marx, Engels, Lénine, *Sur la Commune* (Moscou, Éditions du Progrès, 1971), p. 56.

agrícola baseada em pesticidas, o reconhecimento da dívida ecológica com os países do Sul, entre outros. Os marxistas de nossa época devem seguir o exemplo de Karl Marx e Friedrich Engels: reagir, utilizando o método dialético, aos novos problemas colocados pela mudança histórica.

MARX E ENGELS: COMUNISTAS ROMÂNTICOS*

Habitualmente, são mencionadas como principais fontes do comunismo de Marx (e de Engels) o socialismo francês, a filosofia alemã e a economia política inglesa. Gostaria de acrescentar outra, tão importante quanto essas três últimas e que contribuiu para moldar sua crítica ao capitalismo e sua visão de uma sociedade emancipada: o romantismo. Nas páginas a seguir, examinarei essas fontes românticas e mostrarei como os escritos de Marx e Engels carregam uma dimensão romântica significativa. Meu argumento não é que Marx e Engels foram pensadores românticos, mas sim que existem afinidades substanciais – muitas vezes negligenciadas – entre o marxismo e o romantismo.

O que é romantismo?

Essa discussão requer, antes de tudo, uma compreensão adequada do significado do romantismo. A maior parte dos estudos sobre o romantismo se baseia na afirmação aparentemente óbvia de que estamos lidando com um movimento literário que remonta ao início do século XIX. De meu ponto de vista – desenvolvido em colaboração com Robert Sayre[1] –, essa afirmação é

---

*   Alguns trechos deste capítulo foram publicados em "Excurso: marxismo e romantismo", tópico I, "Marx", em Michael Löwy e Robert Sayre, *Revolta e melancolia*, cit., p. 119-31. Nos trechos em que há semelhança, as traduções (a minha e a anterior) foram cotejadas. (N. T.)

[1]   Michael Löwy e Robert Sayre, *Romanticism against the Tide of Modernity* (Durham, Duke University, 2001) [ed. bras.: *Revolta e melancolia: o romantismo na contracorrente da modernidade*, trad. Nair Fonseca, São Paulo, Boitempo, 2015].

duplamente falsa. O romantismo é muito mais que um fenômeno literário – ainda que, é claro, ele tenha tido um momento literário importante – e não termina em 1830 ou em 1848. Na verdade, como um protesto cultural contra a moderna civilização industrial/capitalista, o romantismo, é uma das principais formas da cultura moderna, se estendendo desde Rousseau – pai fundador em meados do século XVIII – até hoje. A especificidade da cosmovisão romântica (no sentido de uma *Weltanschauung* global) pode ser definida como uma rebelião contra os aspectos-chave desta civilização – o desencantamento do mundo, a quantificação universal e a mecanização da vida, a destruição da comunidade etc. – em nome de valores pré-capitalistas ou pré-modernos. Evidentemente, o romantismo não é um campo politicamente homogêneo, incluindo uma ampla gama de escolhas, a maioria das quais gravita em torno de um de seus dois polos: o romantismo reacionário ou conservador, que sonha com um retorno ao passado, e o romantismo utópico ou revolucionário, que opera um desvio pelo passado na direção de um futuro emancipado. Muitos estudos sobre o romantismo político se referem apenas ao primeiro polo, que comporta figuras como Novalis, Adam Müller, Chateaubriand, John Ruskin e Ernst Jünger; no entanto, a corrente emancipatória é ao menos tão importante quanto, incluindo figuras como Jean-Jacques Rousseau, William Blake, Friedrich Hölderlin, William Morris e E. P. Thompson. Há muitos exemplos de revolucionários que se tornaram conservadores, como Friedrich Schlegel ou Samuel Taylor Coleridge, mas existem também casos que fizeram o movimento inverso. Victor Hugo e William Morris são excelentes exemplos. Karl Marx e Friedrich Engels tinham maior afinidade com o polo utópico/revolucionário do romantismo. Como veremos, porém, eles também se interessaram pela crítica anticapitalista de autores românticos e conservadores como Thomas Carlyle ou Balzac.

Uma das melhores definições de romantismo é a sugerida pelo próprio Marx. No manuscrito inacabado dos *Grundrisse*, ele escreve (1857-1858):

> Em estágios anteriores de desenvolvimento, o indivíduo singular aparece mais completo precisamente porque não elaborou ainda a plenitude de suas relações e não as pôs diante de si como poderes e relações sociais independentes dele. É tão ridículo ter nostalgia daquela plenitude original: da mesma forma, é ridícula a crença de que é preciso permanecer naquele completo esvaziamento. O ponto de vista burguês jamais foi além da oposição a tal visão romântica

e, por isso, como legítima antítese, a visão romântica o acompanhará até seu bem-aventurado fim.[2]

Essa passagem contém três argumentos importantes e interessantes: em primeiro lugar, Marx aceita plenamente o ponto de vista romântico a respeito da plenitude do passado pré-capitalista; além disso, rejeita a um só tempo a ilusão romântica de um regresso ao passado e a apologia burguesa do presente; e, finalmente, considera a crítica romântica do mundo burguês como legítima – uma oposição negativa que o seguirá como sua sombra até seu fim[3]. De minha perspectiva, essa passagem é não apenas uma excelente explicação do que é o romantismo e das razões pelas quais sobreviverá enquanto o capitalismo existir, como também fornece uma ideia da atitude do próprio Marx em relação ao romantismo.

Afinidades entre marxismo e romantismo

Como mostra a citação anterior dos *Grundrisse*, seria um equívoco caracterizar Marx como um pensador romântico. No entanto, como argumentarei, o romantismo constitui uma dimensão importante de sua crítica ao sistema capitalista e de sua concepção do comunismo. A afinidade entre os modos de oposição marxista e romântico à cultura racionalizada da burguesia foi observada e discutida por diversos sociólogos e filósofos. Um dos primeiros foi Karl Mannheim, em "O pensamento conservador"[4]. Ele mostra que muitas oposições – concreto *versus* abstrato, dinâmico ou dialético *versus* estático, totalidade *versus* fragmentação, uma compreensão totalizante da história *versus* uma abordagem individualista – são características compartilhadas tanto pela direita quanto pela esquerda em suas críticas ao

---

[2] Karl Marx, *Grundrisse der Kritik der Politischen Okonomie* (Berlim, Dietz, 1953), p. 80 [ed. bras.: *Grundrisse: Manuscritos econômicos de 1857-1858. Esboços da crítica da economia política*, trad. Mario Duayer e Nélio Schneider, São Paulo, Boitempo, 2011, p. 110].

[3] Idem. Segundo os editores dos *Grundrisse*, os românticos de que fala Marx são Adam Müller, o economista romântico conservador, e Thomas Carlyle, sobre quem falarei mais adiante.

[4] Karl Mannheim, "Das konservative Denken: Soziologische Beiträge zum Werden des politisch-historischen Denkens in Deutschland", *Wissensoziologie* (Berlim, Luchterhand, 1964) [ed. bras.: "O pensamento conservador", em José de Souza Martins (org.), *Introdução crítica à sociologia rural*, São Paulo, Hucitec, 1986, cap. 3, p. 77-131].

bürgerlich-naturrechtliche Denken (o pensamento burguês de direito natural). No entanto, a maioria dos exemplos de posição marxista apresentada por Mannheim é retirada de *História e consciência de classe**, de Lukács, um livro que já é uma combinação do marxismo com a sociologia alemã inspirada no romantismo. Além disso, Mannheim está mais interessado nas similaridades metodológicas entre os estilos de pensamento marxista revolucionário e romântico conservador do que em uma possível convergência de suas críticas concretas à sociedade burguesa industrial[5].

Na esteira de Mannheim, diversos sociólogos ou historiadores literários trataram da conexão entre marxismo e romantismo. Alvin Gouldner insistiu na presença de "componentes importantes do romantismo" no pensamento de Marx[6]; Ernst Fischer afirmou que Marx havia incorporado, em sua visão socialista, "a revolta romântica contra um mundo que mercantilizou tudo e reduziu o homem ao *status* de objeto"[7]. Inquestionavelmente, o conceito marxista de alienação é fortemente tingido de romantismo. Como István Mészáros mostrou, uma das principais fontes do pensamento de Marx é a crítica de Rousseau à alienação de si por meio da "venda da própria liberdade"[8]. Fischer e Gouldner veem o sonho do homem integral, para além da fragmentação da divisão e da alienação, como o principal elo entre Marx e o legado romântico. Mais recentemente, Jürgen Habermas criticou o pensamento do jovem Marx como uma forma de "socialismo romântico", uma vez que

> a ideia de uma livre associação de produtores sempre esteve carregada de imagens nostálgicas do tipo de comunidades – a família, a vizinhança, a guilda – encontrado no mundo dos camponeses e dos artesãos, mas que, com o brutal surgimento da sociedade competitiva, começava a desmoronar, e cujo desaparecimento era vivenciado como uma perda.[9]

---

*   G. Lukács, *História e consciência de classe: estudos sobre a dialética marxista* (trad. Rodnei Nascimento, 2. ed., São Paulo, WMF Martins Fontes, 2016). (N. E.)

5   Ibidem, p. 425, 438, 440, 486, 497 e 507.

6   Alvin W. Gouldner, *For Sociology: Renewal and Critique in Sociology Today* (Nova York, Basic [s. d.]), p. 339.

7   Ernst Fischer, *Marx in His Own Words* (Londres, Penguin, [s. d.]), p. 15.

8   István Mészáros, *Marx's Theory of Alienation* (Londres, Merlin, 1970), p. 48-61 [ed. bras.: *A teoria da alienação em Marx*, trad. Nélio Schneider, São Paulo, Boitempo, 2016].

9   Jürgen Habermas, "What Does Socialism Mean Today? The Rectifying Revolution and the Need for New Thinking on the Left", *New Left Review*, n. 183, 1990, p. 15.

MARX E ENGELS: COMUNISTAS ROMÂNTICOS   69

Segundo Habermas, a própria ideia de uma sociedade em que os indivíduos deixem de estar alienados em relação ao produto de seu trabalho, aos outros seres humanos e consigo mesmos, é uma utopia enraizada no romantismo[10].

Graças a essas afinidades e analogias, surgiu uma significativa corrente de marxistas românticos que se difundiu ao longo do século XX. Muitos exemplos vêm à mente: William Morris, cujo romance utópico, *News from Nowhere*[11], combinou o socialismo revolucionário com a nostalgia gótica, deixando uma marca poderosa no radicalismo inglês; Ernst Bloch, que chama de escritos românticos revolucionários seus primeiros ensaios, *O espírito da utopia*[12] e *Thomas Müntzer, teólogo da revolução*[13]; André Breton, o fundador do Surrealismo, que, em 1935, combinou em uma só perspectiva os apelos do poeta francês Rimbaud para "mudar a vida" e os de Marx para "transformar o mundo"; José Carlos Mariátegui, o grande marxista peruano que, em 1928, clamou por um socialismo indo-americano enraizado nas tradições coletivistas indígenas (o comunismo inca); a Escola de Frankfurt (Benjamin, Adorno e Marcuse), que deve muito de sua crítica da civilização capitalista à tradição romântica; Henri Lefebvre, o filósofo comunista dissidente que, em 1958, defendeu a necessidade de um novo romantismo; Guy Debord, o fundador do Situacionismo, cujas críticas à "sociedade do espetáculo" estão imbuídas de sentimentos melancólicos românticos[14]; o historiador inglês E. P. Thompson, autor de uma brilhante biografia de William Morris, *From Romantic to Revolutionary*[15]; e muitos outros. Todos esses pensadores são obviamente muito diferentes entre si e não pertencem a uma escola filosófica ou política comum. Eles compartilham, porém, o desejo de reunir, em uma fusão explosiva, os ingredientes do comunismo marxista e do romantismo

---

[10]   Idem.

[11]   William Morris, *News from Nowhere* (Londres, Penguin Classics, 1986) [ed. bras.: *Notícias de lugar nenhum: ou uma época de tranquilidade*, trad. Alexandre Barbosa de Souza, São Paulo, Expressão Popular, 2019].

[12]   Ernst Bloch, *Geist der Utopie* (Frankfurt, Suhrkamp, 1985).

[13]   Idem, *Thomas Müntzer als Theologue der Revolution* (Frankfurt, Suhrkamp, 1972) [ed. bras.: *Thomas Müntzer, teólogo da revolução*, trad. Vamireh Chacon e Celeste Aida Galeão, Rio de Janeiro, Tempo Brasileiro, 1973].

[14]   Guy Debord, *La Société du spectacle* (Paris, Gallimard, 1992) [ed. bras.: *A sociedade do espetáculo*, trad. Estela dos Santos Abreu, Rio de Janeiro, Contraponto, 1997].

[15]   E. P. Thompson, *William Morris: From Romantic to Revolutionary* (Londres, Merlin, 1977).

MARX, ESSE DESCONHECIDO

revolucionário. Em sua aguda crítica à civilização capitalista e em seu sonho de uma nova sociedade, os valores pré-capitalistas, as criações culturais e as formas sociais são uma referência crucial.

Carlyle, Balzac, Sismondi e o *Manifesto Comunista*

Tentemos agora estabelecer a relação de Marx e Engels com o romantismo. Sabemos que durante seus estudos na Universidade de Bonn, Marx optou por frequentar os cursos sobre Homero ministrados por um velho romântico, Schlegel. Os primeiros escritos de Marx – poemas, dramas, peças – apresentam sinais distintivos visíveis da literatura romântica (manifestando uma afinidade especial com os escritos de Hoffmann) e testemunham uma revolta tipicamente romântica. Além disso, e um tanto surpreendentemente, a primeira tentativa de Marx de produzir uma crítica de Hegel foi bastante influenciada pela *Naturphilosophie* de Schelling[16]. Uma análise interessante da influência do romantismo nos poemas do jovem Marx é oferecida por Leonard P. Wessell Jr. em seu livro *Karl Marx, Romantic Irony and the Proletariat*. Infelizmente, porém, o teor do livro de Wessell consiste em uma tentativa completamente arbitrária de reduzir o pensamento político de Marx a uma "mitopoesia"[17].

Após sua conversão à dialética hegeliana, ao materialismo e à filosofia da práxis (1840-1845), Marx deixou para trás seu romantismo juvenil: sua nova filosofia da história parece não ter deixado qualquer espaço para a nostalgia. No *Manifesto Comunista**, ele rejeita como "reacionário" qualquer sonho de retorno ao artesanato ou a outros modos de produção pré-capitalistas[18]. Ele celebra o papel progressista do capitalismo industrial não apenas no desenvolvimento das forças produtivas em uma escala vasta e sem precedentes, mas também na unificação da economia mundial – um pré-requisito essencial para

---

[16] Auguste Cornu, *Karl Marx et Friedrich Engels*, t. 1 (Paris, PUF, 1955), p. 67-69, 75, 93--97, 103.

[17] Leonard P. Wessell Jr., *Karl Marx, Romantic Irony, and the Proletariat: The Mythopoetic Origins of Marxism* (Baton Rouge, Louisiana State University, 1979).

[*] *Manifesto Comunista* (trad. Álvaro Pina e Ivana Jinkings, São Paulo, Boitempo, 1998). (N. E.)

[18] Karl Marx e Friedrich Engels, "Manifesto of the Communist Party", em idem, *Marx-Engels Collected Works*, v. 6 (trad. Richard Dixon et al., Londres, Lawrence & Wishart, 1976), p. 477-519 [ed. bras.: *Manifesto Comunista*, cit.].

a futura humanidade socialista. Também elogia o capitalismo por ter rasgado os véus que escondiam a exploração nas sociedades pré-capitalistas, elogios que, porém, carregam um tom irônico. Ao introduzir formas de exploração mais brutais, mais abertas e mais cínicas, o modo de produção capitalista favoreceu o desenvolvimento da consciência e da luta de classes do lado dos oprimidos. O anticapitalismo de Marx não busca produzir uma negação abstrata da civilização industrial moderna (burguesa), mas sim sua *Aufhebung* (negação/conservação/substituição): sua abolição deve ser, ao mesmo tempo, a conservação de suas maiores conquistas, rumo à sua superação por um modo de produção superior.

Uma vez mais, Marx não ignorava o outro lado dessa moeda "civilizada"; no *Manifesto Comunista** podem ser encontrados alguns exemplos poderosos de uma perspectiva crítica que denuncia, entre outras coisas, a tirania avarenta, odiosa e exasperante dos proprietários de fábricas, assim como a barbárie da crise capitalista. Além disso, ele segue um típico argumento romântico ao apontar que, na sociedade burguesa, "a dignidade pessoal torna-se mero valor de troca", já que todas as relações humanas foram substituídas pelo insensível pagamento contável – o nexo do dinheiro [*le lien de trésorerie*] de Carlyle – e se afogaram nas águas geladas do cálculo egoísta[19]. No capítulo 23 de *O capital* – "A lei geral da acumulação capitalista"[20] –, Marx se utiliza de uma abordagem dialética para descrever o capitalismo como um sistema que transforma todo progresso econômico em calamidade social. É pela análise dos desastres sociais provocados pela civilização capitalista – bem como por seu interesse pelas comunidades pré-capitalistas – que Marx se insere na tradição romântica.

A obra de Marx e Engels foi significativamente influenciada por economistas como Sismondi e pelo populista russo Nikolai Danielson, com os quais se corresponderam ao longo de vinte anos, mas também por escritores como Charles Dickens e Honoré de Balzac, por filósofos como Thomas Carlyle e por historiadores de comunidades antigas como Georg Maurer, Barthold

---

*   *Manifesto Comunista*, cit. (N. E.)

[19]   Karl Marx e Friedrich Engels, "Manifesto of the Communist Party", cit., p. 483 [ed. bras.: *Manifesto Comunista*, cit., p. 42].

[20]   Karl Marx, "Capital, v. 1", em Karl Marx e Friedrich Engels, *Marx-Engels Collected Works*, v. 35 (Londres, Lawrence & Wishart, 1996), p. 607-41. [ed. bras.: *O capital: crítica da economia política*, Livro I: *O processo de produção do capital*, trad. Rubens Enderle, São Paulo, Boitempo, 2013, p. 689-784].

MARX, ESSE DESCONHECIDO

Georg Niebuhr e Lewis Morgan. De resto, Marx e Engels nutriam muito respeito por certos socialistas românticos como Charles Fourier, Pierre Leroux e Moses Hess, aos quais reconheciam uma dívida intelectual. Na verdade, o romantismo é uma das fontes negligenciadas de Marx e Engels, uma fonte talvez tão importante para seus trabalhos quanto o neo-hegelianismo alemão e o materialismo francês.

Pode-se sustentar que, entre os críticos românticos da sociedade capitalista, Thomas Carlyle era um dos que Marx e Engels mais apreciavam, a despeito das óbvias divergências. Eles estavam particularmente interessados em sua crítica feroz da sociedade burguesa moderna como uma civilização em que todos os valores culturais e espirituais são sacrificados à Religião do Dinheiro [*Religion de la Trésorerie*]. Em 1844, Engels publicou uma resenha de *Past and Present*[21] na qual cita com aprovação as tiradas de Carlyle contra o "mamonismo" – a adoração de Mammon, a antiga divindade da moeda e do ouro que reinava na Inglaterra. Mesmo quando critica as escolhas conservadoras do autor, Engels reconhece uma ligação decisiva entre essas opções e o interesse social do trabalho:

> Thomas Carlyle [...] era originalmente um Tory [do Partido conservador inglês]. Uma coisa é certa, um Whig [do Partido liberal inglês] nunca teria sido capaz de escrever um livro com a metade da humanidade de *Passado e presente*. Sua filosofia se inspirava nos "vestígios do romantismo Tory", mas Carlyle não era de forma alguma o único inglês de classe "respeitável" que "manteve os olhos abertos ao menos para os fatos", "apreendendo corretamente o presente imediato".[22]

Como Marx, ele leu atentamente o livrinho de Carlyle sobre o cartismo[23], que denunciava a alienação da classe operária e criticava a economia política do *laissez-faire* liberal. Quando leu o panfleto, em 1845, Marx copiou muitos trechos em seu caderno. Uma das passagens das notas de Marx contém uma maravilhosa imagem romântica do capitalismo industrial: "Se os homens perdessem a crença em um Deus, seu único recurso contra um Não Deus cego, da Necessidade e do Mecanismo, que os mantêm prisioneiros como uma

---

[21] Friedrich Engels, "The Condition of England: Past and Present by Thomas Carlyle, London, 1843", em Karl Marx e Friedrich Engels, *Marx-Engels Collected Works*, v. 3 (Londres, Lawrence & Wishart, 1975), p. 444-68.

[22] Ibidem, p. 447, 461, 456.

[23] Thomas Carlyle, *Chartism* (Londres, James Fraser, 1840).

hedionda locomotiva a vapor, como um hediondo touro de bronze em seu ventre de ferro, isso seria – com ou sem esperança – a revolta"[24].

Engels voltou a Carlyle em um artigo de 1850. Embora rejeitasse categoricamente os artigos mais recentes de Carlyle, esboçou uma análise bastante esclarecedora do trabalho do escritor escocês na década de 1840:

> Deve-se reconhecer que Carlyle apoderou-se do campo literário contra a burguesia numa época em que seus pontos de vista, seus gostos e suas ideias mantinham toda a literatura inglesa inteiramente escravizada, e por vezes o fez até chegar a momentos revolucionários. Por exemplo, em sua história da Revolução Francesa, em sua apologia a Cromwell, em seu panfleto sobre o cartismo e em seu *Passado e presente*. Mas em todos esses escritos a crítica da atualidade está intimamente ligada a uma apoteose estranhamente a-histórica da Idade Média, o que também é uma característica frequente de outros revolucionários ingleses, por exemplo, Cobbett e parte dos cartistas.[25]

Essa observação contém duas proposições que nos parecem fundamentais para a abordagem de Marx do romantismo: 1. A crítica romântica do presente capitalista está "intimamente ligada" à nostalgia do passado; e 2. Em alguns casos, essa crítica pode assumir uma dimensão genuinamente revolucionária.

Uma influência de igual importância sobre Marx e Engels foi exercida por alguém que pode ser considerado um dos mais cáusticos críticos românticos da civilização burguesa: Honoré de Balzac, com cuja obra Engels admitiu ter aprendido mais do que com "todos os historiadores declarados, economistas e estatísticos da época"[26]. Essa frase reitera quase textualmente o julgamento, pronunciado por Marx algumas décadas antes, sobre escritores ingleses como Charles Dickens, Charlotte Brontë e Mrs Gaskell: "A esplêndida fraternidade atual de romancistas na Inglaterra, cujas páginas explícitas e eloquentes forneceram ao mundo mais verdades políticas e

---

24 Ibidem, p. 37. Tive a oportunidade de consultar os cadernos de notas inéditas de Marx (*Excerpthefte*) nos Arquivos Marx-Engels do Instituto de História Social, em Amsterdã.

25 Friedrich Engels, "Latter-Day Pamphlets", em Thomas Carlyle (org.), *Marx-Engels Collected Works*, v. 10 (Londres, Lawrence & Wishart, 1850), p. 301.

26 Idem, "Letter to Miss Harkness, April 1888", em Lee Baxandall e Stefan Morawski (orgs.), *Marx and Engels on Literature and Art: A Selection of Writings* (St. Louis e Milwaukee, Telos, 1973).

sociais do que todos os políticos profissionais, os publicistas e os moralistas juntos"[27].

É claro que suas leituras de Carlyle e Balzac são altamente seletivas: Marx e Engels rejeitam categoricamente as ilusões retrógradas dos dois escritores. Mas se apropriam sem hesitação de suas críticas à modernidade burguesa industrial, ainda que essa crítica esteja profundamente enraizada nos valores éticos e socioculturais pré-capitalistas. Ambos ficaram fascinados com a forma como Balzac descreve o poder corruptor do dinheiro, as manipulações tortuosas da oligarquia financeira e a busca inescrupulosa, implacável e obsessiva do lucro e da acumulação pelos banqueiros, industriais e proprietários em geral.

Essa apropriação é evidente em um texto aparentemente tão modernista (ou seja, favorável ao progresso capitalista) como o *Manifesto Comunista*. Embora classificassem as correntes românticas como "reacionárias", Marx e Engels reconheceram explicitamente o valor da crítica social à qual essas correntes contribuíram ao denunciar a destruição burguesa de todas as qualidades humanas, transformadas em mercadorias, e a exploração implacável dos trabalhadores. Como os românticos, ambos estavam convencidos de que a burguesia havia, como escreveram no *Manifesto*, "reduzido a dignidade humana a um simples valor de troca". Mesmo o "socialismo feudal" — essa mistura *sui generis* de "ecos do passado" e de "ameaça do futuro" –, malgrado sua "total incapacidade de compreender a marcha da história moderna", tem o mérito inegável, "em vários momentos, através sua crítica amarga, espirituosa e incisiva, [de] atacar a burguesia no âmago de seu verdadeiro núcleo"[28]. Curiosamente, essa frase é uma citação quase literal de um comentário feito por Balzac sobre a crítica aristocrática à burguesia liberal em seu romance *Le Cabinet des antiques*[29]. Em relação ao "socialismo pequeno-burguês" de Sismondi e de seus partidários, a despeito de seus limites,

> [...] dissecou com muita perspicácia as contradições inerentes às modernas relações de produção. Pôs a nu as hipócritas apologias dos economistas. Demonstrou

---

[27] Karl Marx, "The English Middle Class", em Karl Marx e Friedrich Engels, *Marx-Engels Collected Works*, v. 13 (Londres, Lawrence & Wishart, 1975), p. 664.

[28] Karl Marx e Friedrich Engels, "Manifesto of the Communist Party", cit., p. 507 [ed. bras.: *Manifesto Comunista*, cit., p. 59, com modificações].

[29] Honoré de Balzac, *Le Cabinet des antiques* (Paris, Gallimard, 1999), p. 71-2 [ed. bras.: *As rivalidades: o gabinete das antiguidades – A comédia humana*, trad. Lia Corrêa Dutra, Rio de Janeiro, Biblioteca Azul, 2022].

de um modo irrefutável os efeitos mortíferos das máquinas e da divisão do trabalho, da concentração dos capitais e da propriedade territorial, a superprodução, as crises, a decadência inevitável dos pequenos burgueses e pequenos camponeses, a miséria do proletariado, a anarquia na produção, a clamorosa desproporção na distribuição das riquezas.[30]

Eis um reconhecimento bastante impressionante de uma dívida intelectual. Embora rejeitem as soluções propostas por Sismondi e seus pares, Marx e Engels integram, em sua visão da sociedade burguesa, a análise das "calamidades sociais" do capitalismo feita por essa corrente romântica "pequeno-burguesa". No entanto, ao contrário dos românticos, eles são pouco cerimoniosos em sua admiração pelo papel "eminentemente revolucionário" da burguesia conquistadora e suas realizações econômicas, superiores às pirâmides do Egito e aos aquedutos de Roma – conquistas que, para eles, preparam as condições materiais da revolução proletária[31].

Nesse sentido, a observação de Paul Breines sobre o *Manifesto* parece ser particularmente relevante: "No *Manifesto* e nos escritos anteriores de Marx, a revolução industrial capitalista e todo o mundo de relações reificadas que ela cria são entendidos como simultaneamente libertadoras e opressoras [...]. As Luzes e sua descendência utilitarista sublinharam o primeiro lado da foto; a corrente romântica, o segundo. Marx é o único a transformar os dois [lados] em uma única visão crítica"[32].

Marx e Engels sobre as formações pré-capitalistas

Não podemos, no entanto, concordar com Breines quando ele afirma que nos escritos de Marx e Engels da segunda metade do século XIX floresce apenas a raiz utilitária, ao passo que o aspecto romântico se esvai. Isso está longe de ser evidente, na medida em que, a partir da década de 1860, Marx e Engels demonstraram um crescente interesse e simpatia por certas formações sociais pré-capitalistas – um tema característico da visão romântica da história. Esse

---

[30] Karl Marx e Friedrich Engels, "Manifesto of the Communist Party", cit., p. 509 [ed. bras.: *Manifesto Comunista*, cit., p. 61].

[31] Ibidem, p. 480.

[32] Paul Breines, "Marxism, Romanticism, and the Case of Georg Lukács: Notes on Some Recent Sources and Situations", *Studies in Romanticism*, n. 16, 1977, p. 476.

MARX, ESSE DESCONHECIDO

fascínio pelas comunidades rurais primitivas – do *anthropoi* grego à *Mark* germânica e à *obchtchina* russa – decorre da convicção de que essas formas antigas compreendiam qualidades sociais que as civilizações modernas haviam perdido, qualidades que prenunciavam certos aspectos de uma futura sociedade comunista.

A descoberta da obra de Georg Maurer, o historiador das antigas comunidades germânicas, e, mais tarde, de Lewis Morgan, estimulou Marx e Engels a revalorizar o passado. Graças a esses autores, eles puderam se referir a uma formação pré-capitalista exemplar e distinta do sistema feudal glorificado pelos românticos tradicionais: a comunidade primitiva. Marx expressa claramente essa escolha política de um passado diferente em uma carta a Engels, de 25 de março de 1868, na qual discute o livro de Maurer:

> A primeira reação à Revolução Francesa e ao Iluminismo a ela associado foi, naturalmente, a de ver tudo como medieval, romântico, e mesmo pessoas como Grimm não estão isentas disso. A segunda reação consiste em olhar para trás da Idade Média, para a era primitiva de cada povo – e isso corresponde à tendência socialista, embora esses estudiosos não o saibam. E então ficam surpresos ao encontrar o mais novo no mais antigo, e são igualitários a tal ponto que faria Proudhon estremecer.[33]

Engels também ficou impressionado com a pesquisa de Maurer, que o inspirou, entre outras coisas, a escrever um pequeno ensaio sobre a velha *Mark* germânica, um ensaio no qual se propõe a "reviver a *Mark*" – embora "não em sua forma antiga e obsoleta, mas de uma forma rejuvenescida" – como um programa socialista para as áreas rurais[34]. Engels vai além de Maurer, que lhe parece ainda demasiadamente marcado pelo evolucionismo da *Aufklärung*: em uma carta a Marx, de 15 de dezembro de 1882, ele se queixa da persistência, em Maurer, do "pressuposto do Iluminismo de que, desde a tenebrosa Idade Média, as coisas devem ter mudado gradualmente para melhor; isso o impede de perceber não apenas a natureza antagônica do verdadeiro progresso, como, também, os retrocessos individuais"[35]. Essa passagem parece uma

---

[33] Karl Marx, "Letter to Friedrich Engels, 1868", em Karl Marx e Friedrich Engels, *Marx-Engels Collected Works*, v. 42 (Londres, Lawrence & Wishart, 1992), p. 557.

[34] Friedrich Engels, "The Mark", em Karl Marx e Friedrich Engels, *Marx-Engels Collected Works*, v. 24 (Londres, Lawrence & Wishart, 1989), p. 456.

[35] Idem, "Letter to Marx, 15 December 1882", em Karl Marx e Friedrich Engels, *Marx-Engels Collected Works*, v. 46 (Londres, Lawrence & Wishart, 1992), p. 400.

síntese notavelmente precisa da posição fundamental de Marx e Engels sobre essa problemática: 1. A rejeição de um progressismo ingênuo e linear, senão apologético, que vê a sociedade burguesa como universalmente superior às formas sociais anteriores; 2. A insistência no caráter contraditório do progresso inegavelmente trazido pelo capitalismo; e 3. Um julgamento crítico da civilização capitalista industrial como representando, em certos aspectos, um retrocesso, do ponto de vista humano, em relação às comunidades do passado.

Essa última proposição é, aliás, um dos temas centrais de *A origem da família, da propriedade privada e do Estado*: a partir dos estudos de Morgan sobre a *gens*, Engels destaca a regressão constituída pela civilização, até certo ponto, em relação à comunidade primitiva:

> E que admirável essa constituição da *gens*, essa bela constituição, em toda a sua simplicidade infantil! Sem soldados, policiais, sem nobres, reis, regentes, prefeitos ou juízes, sem prisões ou julgamentos – e tudo segue seu curso com regularidade [...]. Todos são iguais e livres – inclusive as mulheres [...]. E, se compararmos a posição deles com a da esmagadora maioria dos homens civilizados de hoje, veremos que um enorme abismo separa o proletariado de hoje e o pequeno camponês de um membro livre da antiga sociedade gentílica.[36]

Aqui, os critérios que permitem a Engels falar de uma regressão são antes de tudo sociais (liberdade, igualdade), mas também éticos: a dissolução da *gens* pela propriedade privada era inevitável, mas era também uma "degradação, uma queda da singela grandeza moral da velha sociedade gentia"[37].

Na luta do final do século XIX contra o populismo russo (notadamente nos escritos de Georgi Valentinovich Plekhanov), um marxismo radicalmente antirromântico começou a emergir: uma tendência evolutiva e modernizadora que via o progresso do capitalismo industrial com admiração incondicional. É verdade que essa tendência se baseava em certos textos de Marx e de Engels; entretanto, nada revela mais claramente a diferença entre esse marxismo desromantizado e o pensamento do próprio Marx do que os trabalhos deste último sobre a comuna rural russa (*obchtchina*). Sem compartilhar todos os pressupostos dos *narodnikis*, Marx acreditava, como eles, no futuro papel socialista a ser desempenhado pela comuna russa tradicional. Desse ponto de vista, como afirmou em carta de 8 de março de 1881 a Vera Zasulich, "esta

---

[36] Ibidem, p. 159-60.

[37] Idem.

MARX, ESSE DESCONHECIDO

comuna é a alavanca da regeneração social da Rússia, mas, para poder funcionar como tal, seria necessário, antes de tudo, eliminar as influências deletérias que a assaltam por todos os lados, e, depois, dotá-la das condições normais para o desenvolvimento espontâneo"[38].

Um rascunho da carta a Vera Zasulich contém ainda comentários sobre as comunidades rurais pré-capitalistas na Índia, comentários que mostram a evolução das posições de Marx a partir da década de 1850. Em 1853, Marx descreveu a colonização inglesa na Índia como monstruosamente destrutiva e, apesar de tudo, progressista (por exemplo, pela introdução das ferrovias). O progresso assumiu a forma desse "hediondo ídolo pagão, que somente bebia o néctar nos crânios dos massacrados". A essa altura, Marx ainda acreditava no papel progressista do colonialismo, independentemente do alto preço pago em termos sociais e humanos[39]. Em um rascunho de sua carta de 1881, no entanto, ele escreveu: "Como no caso das Índias Orientais, por exemplo, todos – exceto Sir Henry Maine e consortes – percebem que a supressão da propriedade comunal da terra não passou de um ato de vandalismo inglês, que empurrou os indianos não para a frente, mas para trás"[40]. Esse juízo não está em contradição com o que ele formulou em 1853, mas aqui a ênfase é colocada no aspecto regressivo – em termos humanos – da modernização capitalista.

Crítica da quantificação monetária capitalista

Além da nostalgia de um paraíso comunista perdido, a outra grande dimensão do pensamento marxista, inegavelmente romântica em sua inspiração, é a crítica a certos aspectos fundamentais da modernidade capitalista industrial. Ao contrário do que comumente se supõe, essa crítica não se limita à

---

[38] Karl Marx, "Carta a Vera Zasulich, 8 de março de 1881", em Karl Marx e Friedrich Engels, *Marx-Engels Collected Works*, v. 46, cit., p. 71-2. Naturalmente, Marx insiste na necessidade de as comunidades rurais russas se apropriarem das conquistas tecnológicas da civilização industrial europeia para o próprio uso. Sua análise, no entanto, converge em grande parte com a aposta *Narodniki* na possibilidade de poupar a Rússia de todos os horrores da civilização capitalista. O futuro desnudou o caráter ilusório dessa esperança, mas a promessa de Marx compreendia um "núcleo racional" muito fértil.

[39] Idem, "The Future Results of the British Rule in India" (1853), em Karl Marx e Friedrich Engels, *Marx-Engels Collected Works*, v. 12 (Londres, Lawrence & Wishart, 1979), p. 222.

[40] Idem, "Letter to Vera Zasulich, 1881", em Karl Marx e Friedrich Engels, *Marx-Engels Collected Works*, v. 24, cit., p. 365.

MARX E ENGELS: COMUNISTAS ROMÂNTICOS 79

questão da propriedade privada dos meios de produção: é muito mais ampla, profunda e radical. É a totalidade do modo de produção industrial existente e da sociedade burguesa moderna que é questionada por argumentos e atitudes semelhantes aos dos românticos. De meu ponto de vista, esses paralelos são particularmente marcantes quando colocados em conexão com a questão crucial da quantificação, ou seja, a dissolução de valores qualitativos morais e culturais – como a dignidade, a honra e a amizade – pelo poder destrutivo dos valores capitalistas puramente quantitativos: o dinheiro, o preço, a quantidade de capital ou de posses, e assim por diante.

A crítica da quantificação da vida na sociedade industrial (burguesa) ocupa um lugar central nos primeiros escritos de Marx, em especial nos *Manuscritos de 1844**, que representam uma síntese particularmente poderosa entre romantismo e materialismo. Segundo esse texto, no capitalismo, o poder do dinheiro é tal que permite a esse sistema destruir e dissolver todas as qualidades humanas e naturais, sujeitando-as à sua própria medida puramente quantitativa. "A quantidade de dinheiro se torna cada vez mais seu único atributo de importância. Assim como ele reduz tudo à sua própria forma de abstração, ele se reduz no curso de seu próprio movimento a algo quantitativo."

A troca entre qualidades humanas concretas – amor por amor, confiança por confiança – é substituída pela troca abstrata de dinheiro por mercadorias. O trabalhador é reduzido à condição de mercadoria humana (*Menschenware*, tornando-se uma criatura condenada, física e espiritualmente desumanizada (*Entmenschtes*). "O homem retorna mais uma vez à vida das cavernas, mas a caverna agora está poluída com o hálito mefítico e pestilento da civilização." Como o comerciante que vende pedras preciosas e vê apenas seu valor de mercado e não sua beleza ou sua natureza especial, os indivíduos na sociedade capitalista perdem sua sensibilidade material e espiritual e a substituem pelo senso exclusivo de posse. Em poucas palavras: o ser, a livre expressão da riqueza da vida por meio das atividades sociais e culturais é cada vez mais sacrificado ao *ter*, à acumulação de dinheiro, de mercadorias e de capital[41].

---

*   *Manuscritos econômico-filosóficos* (trad. Jesus Ranieri, São Paulo, Boitempo, 2004). (N. E.)

[41]   Karl Marx, *Frührschriften* (org. S. Landshut, Stuttgart, Kroner, 1953), p. 240, 243, 255, 299, 301, 303 [ed. bras.: *Manuscritos econômico-filosóficos*, trad. Jesus Ranieri, São Paulo, Boitempo, 2004].

80 MARX, ESSE DESCONHECIDO

Pode-se encontrar, no polêmico ensaio de Marx contra Proudhon, *Miséria da filosofia*, uma passagem marcante em que a crítica à quantificação monetária capitalista é formulada com fortes traços românticos:

> Veio um tempo, enfim, em que tudo aquilo que os homens consideravam inalienável se tornou objeto de troca, de tráfico, e podia alienar-se. Foi o tempo em que as coisas que até então eram [...] dadas, mas jamais vendidas, adquiridas, mas jamais compradas – virtude, amor, opinião, ciência, consciência etc. –, o tempo em que tudo passava pelo comércio. Esse tempo foi o da corrupção geral, da venalidade universal ou, para falar em termos de economia política, o tempo em que todas as coisas, morais ou físicas, tornando-se valores venais, são levadas ao mercado para que sejam apreciadas em seu mais justo valor.[42]

O que distingue esse tipo de comentário como romântico é a comparação, explícita ou implícita, com períodos anteriores – os de um passado pré-capitalista –, em que a corrupção das relações sociais ainda não havia ocorrido. Como vimos, esse foi um argumento desenvolvido não apenas por Carlyle, mas também por Balzac, por Charles Dickens – particularmente em *Tempos difíceis* – e por muitos outros autores românticos. Inequivocamente, o comunismo seria para Marx uma sociedade em que tais valores humanos – virtude, amor, opinião, ciência, consciência – seriam restituídos à sua dignidade moral e social.

Esses temas dos primeiros escritos de Marx são menos explícitos em *O capital*. Ainda assim eles estão presentes, em particular na conhecida passagem em que o autor alemão compara o *ethos* da civilização capitalista moderna centrada exclusivamente na produção de mais e mais bens e na acumulação de capital com o espírito da Antiguidade clássica, que "dedicam-se exclusivamente à qualidade e ao valor de uso"[43]. Embora Marx não cite Carlyle, há ecos de sua polêmica contundente contra o mamonismo no capítulo sobre o fetichismo da mercadoria. A influência de Carlyle é particularmente evidente quando Marx descreve com ironia sua forma suprema, o fetichismo monetário, como a transformação do dinheiro em um ídolo, um fetiche dotado de poderes mágicos.

A principal questão colocada em *O capital** é a exploração do trabalho, a extração de valor agregado pelos capitalistas proprietários dos meios de

---

[42] Idem, *Misère de la philosophie* (Paris, Éditions Sociales, 1947), p. 33 [ed. bras.: *Miséria da filosofia*, trad. José Paulo Netto, São Paulo, Boitempo, 2017, p. 47].

[43] Idem, "Capital, v. 1", cit., p. 370 [ed. bras.: *O capital*, Livro I, cit., 439].

* *O capital*, Livro I, cit. (N. E.)

MARX E ENGELS: COMUNISTAS ROMÂNTICOS   81

produção. Mas a obra contém também uma crítica radical da verdadeira natureza do trabalho industrial moderno. Em sua acusação contra o caráter desumanizador do trabalho industrial capitalista, *O capital* é ainda mais explícito do que os *Manuscritos de 1844*; e muito provavelmente há uma ligação entre a crítica nele formulada e a dos românticos. Existem paralelos evidentes, por exemplo, com a descrição de Charles Dickens da desumanidade do trabalho industrial em seu romance *Tempos difíceis*. Dickens via a fábrica capitalista como um inferno e os operários como almas condenadas, não porque fossem explorados, mas porque deviam seguir movimentos mecânicos, o ritmo uniforme do pistão da máquina a motor que "trabalhava monótono, para cima e para baixo, como a cabeça de um elefante em estado de loucura melancólica"[44].

É claro que Marx não sonhava em restaurar o sistema artesanal medieval, como ainda pensavam românticos como John Ruskin ou Sismondi. Em *O capital*, no entanto, ele criticava o trabalho industrial como uma forma social e culturalmente degradada em relação às qualidades humanas do trabalho pré-capitalista: "O conhecimento, o julgamento e a vontade [...] praticados pelo camponês independente ou pelo artesão" são perdidos pelos operários no trabalho parcelar da indústria moderna. Analisando essa degradação, Marx chama a atenção, em primeiro lugar, para a divisão do trabalho, que "transforma o trabalhador em uma aberração, forçando a paralisia de sua destreza à custa de um mundo de impulsos e capacidades produtivas". Nesse contexto, ele cita o conservador romântico David Urquhart: "Subdividir um homem é executá-lo, caso ele mereça a sentença, e assassiná-lo, caso não a mereça [...]. A subdivisão do trabalho é o assassinato do povo". Também porque a máquina, ao mesmo tempo que se torna um elemento de progresso, se transforma, no modo de produção contemporâneo, em uma maldição para o operário; ela despoja o trabalho de todo o interesse e "confisca cada átomo de liberdade da atividade física e intelectual". Sob o sistema capitalista da máquina, o trabalho "se torna uma espécie de tortura" porque o trabalhador é reduzido à "rotina miserável de trabalho pesado e labuta sem fim em que há apenas o mesmo processo repetido indefinidamente, como o trabalho de Sísifo. O fardo do trabalho, como a rocha, ainda continua a cair nas costas do operário exausto". No sistema industrial moderno, o conjunto

---

[44]   Charles Dickens, *Hard Times* (Nova York, Harper & Row, 1965), p. 22 [ed. bras.: *Tempos difíceis*, trad. José Baltazar Pereira Júnior, São Paulo, Boitempo, 2014, p. 37].

da organização do processo de trabalho esmaga a vitalidade, a liberdade e a independência do trabalhador. A esse quadro já sombrio, Marx acrescenta a descrição das condições materiais em que o trabalho é realizado: espaço, luz e ar insuficientes, barulho ensurdecedor, atmosfera cheia de poeira, mutilações e homicídios cometidos pela máquina e as inúmeras doenças decorrentes dos "acompanhamentos insalubres do processo produtivo"[45]. Em suma, as qualidades naturais e culturais dos operários como seres humanos são sacrificadas pelo capital com o objetivo puramente quantitativo de produzir mais mercadorias e obter mais lucros.

A concepção de comunismo de Marx e Engels está intimamente ligada à crítica radical da civilização burguesa moderna. Implica uma mudança qualitativa, uma nova cultura social, um novo modo de vida, um tipo diferente de civilização, que restabeleceria o papel das "qualidades humanas e naturais" da vida e o papel do valor de uso no processo de produção. Nessa referência fundamental às formas pré-capitalistas de produção e de vida, a conexão com a tradição romântica é evidente. Para Marx e Engels, o socialismo (ou comunismo, porque para eles os dois eram sinônimos) requer a emancipação do trabalho não apenas pela expropriação dos expropriadores – segundo a famosa fórmula de *O capital* – e pelo controle do processo de produção pelos produtores associados, mas também por uma transformação completa da própria natureza do trabalho.

Como atingir esse objetivo? Esse é um problema que Marx aborda sobretudo nos *Grundrisse* (1857-1858): de seu ponto de vista, na comunidade socialista, o progresso tecnológico e a mecanização reduzirão drasticamente o tempo do "trabalho necessário" (o trabalho exigido para a satisfação das necessidades fundamentais da comunidade). A maior parte das horas do dia será assim deixada livre para o que Marx chama, seguindo Fourier, de *trabalho atraente*: o trabalho verdadeiramente livre, que seja a realização pessoal do indivíduo. Tal trabalho e tal produção, que tanto pode ser material quanto espiritual, não é simplesmente um jogo – e aqui Marx se separa de Fourier –, podendo exigir grande esforço e seriedade. Marx menciona como exemplo a composição musical[46], mas o mesmo poderia ser dito da arte, da poesia, da filosofia ou da

---

[45]   Karl Marx, *Capital, v. 1*, cit., p. 336, 365, 368, 425-6 e 429 [ed. bras.: *O capital*, Livro I, cit.].

[46]   Idem, *Grundrisse: Foundations of the Critique of Political Economy* (trad. Martin Nicolaus, Nova York, Random House, 1973), p. 704-12 [ed. bras.: *Grundrisse: Manuscritos econômicos de 1857-1858: esboços da crítica da economia política*, trad. Mario Duayer e Nélio Schneider, São Paulo, Boitempo, 2011].

ciência. A ideia de comunismo de Marx comporta também uma emancipação dos limites estreitos impostos pela divisão capitalista do trabalho. Sua famosa passagem em *A ideologia alemã** sobre os indivíduos em uma sociedade comunista, que podem "caçar de manhã, pescar à tarde, pastorear gado à noite, fazer crítica depois do jantar", possui uma tonalidade distintamente romântica.

Conclusão

Seria completamente errado inferir das observações precedentes que Marx era um romântico: ele deve mais à filosofia do Iluminismo e à economia política clássica do que às críticas românticas da civilização industrial. No entanto, estas últimas o ajudaram a perceber os limites e as contradições das primeiras, bem como a dar forma à sua visão de uma sociedade comunista. Em uma passagem reveladora dos *Manuscritos de 1844*, ele se refere à contradição entre os antigos proprietários rurais e os novos capitalistas, expressa em uma polêmica entre autores românticos (Möser) e economistas políticos (Ricardo, Mill): "esta oposição torna-se extremamente amarga, e diz-se a verdade reciprocamente"[47]. Da mesma forma, um tema recorrente em seus últimos escritos econômicos é o de que Sismondi pôde ver as limitações de Ricardo e vice-versa; enquanto Ricardo percebia o enorme poder produtivo do capitalismo e sua superioridade sobre as formas pré-capitalistas, Sismondi podia observar, de seu ponto de vista pequeno-burguês, as contradições do sistema, as consequências mortíferas da divisão do trabalho, a crise da superprodução, e assim por diante.

Marx e Engels não podem ser definidos – apesar do interesse deles em argumentos românticos – como românticos. Suas ideias não eram românticas nem modernizadoras, e sim uma tentativa de *Aufhebung* dialética de ambas, na direção de uma nova visão de mundo, crítica e revolucionária. Nem apologéticos da civilização burguesa, nem cegos às suas realizações, eles buscavam uma forma superior de organização social, uma forma capaz de integrar os

---

* *A ideologia alemã* (trad. Rubens Enderle, Nélio Schneider e Luciano Cavini Martorano, São Paulo, Boitempo, 2007). (N. E.)

[47] Karl Marx, "Economic and Political Writings of 1844", em Karl Marx e Friedrich Engels, *Marx-Engels Collected Works*, v. 3, cit., p. 286 [ed. bras.: *Manuscritos econômico-filosóficos*, trad. Jesus Ranieri, São Paulo, Boitempo, 2004, p. 93.].

avanços tecnológicos da sociedade moderna e certas qualidades humanas das comunidades pré-capitalistas. Eles não sonhavam com um retorno ao passado – uma típica atitude romântica reacionária –, mas com um desvio pelo passado em direção a um futuro comunista: um futuro que abriria um campo ilimitado para o desenvolvimento e o enriquecimento da vida humana.

SEGUNDA PARTE

REVOLUÇÕES

PRÁTICA REVOLUCIONÁRIA:
OS PRIMEIROS ESCRITOS

A palavra "revolução" era tradicionalmente usada para descrever o movimento dos planetas em torno do próprio eixo; após o século XVI, porém, tornou-se um conceito político que define as sublevações radicais da ordem social e política, bem como a derrubada de uma classe ou de um grupo dirigente. É nesse sentido moderno que Marx a utiliza. Sua principal referência para pensar as revoluções é a Revolução Francesa (1789-1794): um massivo levante popular que transformou profundamente as instituições políticas e a estrutura social da França e, mais amplamente, da Europa. As análises de Marx sobre os eventos revolucionários sempre estiveram ligadas ao conceito de luta de classes. Ele fala das Guerras Camponesas do século XVI na Alemanha como uma "revolução camponesa", das revoluções inglesa e francesa como "revoluções burguesas", e da Comuna de Paris de 1871 como uma "revolução proletária". As revoluções de 1848-1849, na França e na Alemanha, são vistas como prolongados enfrentamentos de classe entre a aristocracia monárquica, a burguesia liberal, a pequena-burguesia e as massas proletárias[1].

A teoria da revolução proletária de Marx já é desenvolvida em seus primeiros escritos (1843-1850), baseada em uma reflexão dialética e crítica sobre a crescente experiência das lutas da classe operária na Europa na década de

---

[1]   O melhor trabalho sobre Marx e a revolução ainda é a monumental série em cinco volumes de Hal Draper (1914-1990). Ver Hal Draper, *Karl Marx's Theory of Revolution*, v. 1: *State and Bureaucracy* (Nova York, Monthly Review, 1977); v. 2: *Politics of Social Classes* (Nova York, Monthly Review, 1978); v. 3: *The Dictatorship of the Proletariat* (Nova York, Monthly Review, 1986); v. 4: *Critique of Other Socialisms* (Nova York, Monthly Review, 1990); v. 5: *War & Revolution* (Alameda/Nova York, Center for Socialist History/Monthly Review, 2005).

88 MARX, ESSE DESCONHECIDO

1840 e sobre a literatura comunista existente. O primeiro documento em que é sugerida a ideia de uma revolução proletária é "Contribuição à crítica da filosofia do direito de Hegel" (1844), um ensaio, porém, que ainda permanece "hegeliano de esquerda", uma vez que promove a ideia de que a revolução começa "no cérebro de um filósofo", gerando um "lampejo de pensamento" que atinge as massas proletárias, concebidas como os "fundamentos materiais" ou o "elemento passivo" da emancipação humana[2]. Foi somente após a redação desse documento que Marx estabeleceu contato direto com os círculos dos operários comunistas franceses e alemães em Paris e conheceu melhor os escritos de Wilhelm Weitling (1808-1871), trabalhador comunista alemão, fundador da Liga dos Justos (precursora da Liga Comunista) e das lutas do movimento dos trabalhadores cartistas na Inglaterra.

Um acontecimento decisivo para as primeiras reflexões de Marx sobre a revolução foi a revolta dos tecelões da Silésia em junho de 1844, a primeira rebelião proletária na história alemã, que só pôde ser reprimida pela intervenção do exército prussiano. Sob o modesto título "Glosas críticas marginais sobre 'O rei da Prússia e a reforma social por um prussiano'" (*Randglossen*), o texto polemiza com Arnold Ruge (1802-1880), celebrando a superioridade das revoltas sociais sobre "aquelas que são apenas políticas". Esse artigo constitui um ponto de virada na evolução filosófica e política do jovem Marx. Pode-se considerá-lo uma ruptura com os pressupostos neo-hegelianos ainda presentes em seus primeiros escritos comunistas a partir de 1844. Na revolta da Silésia, ele descobre "as excelentes aptidões do proletariado alemão para o socialismo", agora sem a necessidade do "lampejo de pensamento" dos filósofos. E, ainda mais importante, descobre que o proletariado não é um "elemento passivo" da revolução, muito pelo contrário: "Um povo filosófico só pode encontrar a prática (práxis) que lhe corresponde no socialismo e, consequentemente, é apenas no proletariado que pode encontrar o elemento dinâmico de sua emancipação"[3]. Nessa única frase, podem ser encontrados três novos temas: (1) a filosofia e o povo não são mais apresentados como dois termos

---

[2]   Karl Marx, "Contribution to the Critique of Hegel's Philosophy of Law: Introduction", em Karl Marx e Friedrich Engels, *Marx-Engels Collected Works*, v. 3, cit., p. 187 [ed. bras.: *Contribuição à crítica da filosofia do direito de Hegel: introdução* (trad. Rubens Enderle e Leonardo de Deus, São Paulo, Expressão Popular, 2019).

[3]   Idem, "Critical Marginal Notes on the Article 'The King of Prussian and Social Reform' by a Prussian", em Karl Marx e Friedrich Engels, *Marx-Engels Collected Works*, v. 3, cit., p. 202.

PRÁTICA REVOLUCIONÁRIA: OS PRIMEIROS ESCRITOS   89

separados, o primeiro descendo sobre o segundo como um lampejo; eles são agora concebidos como um único "povo filosófico", revelando que essa oposição está ultrapassada; (2) o socialismo não é mais apresentado como uma teoria pura, uma ideia nascida no cérebro de um filósofo, mas, agora, como uma práxis; e (3) o proletariado se torna então, plenamente, o elemento *ativo* da emancipação.

As conclusões filosóficas mais amplas decorrentes dessa nova abordagem serão apresentadas nas *Teses sobre Feuerbach** (1845), algumas páginas de notas que não se destinavam à publicação, mas que podem ser consideradas, como escreveu Friedrich Engels em 1888, "o germe brilhante da perspectiva de um novo mundo"[4]. Essa nova visão de mundo, que poderia ser definida – usando a expressão de Antonio Gramsci (1891-1937) – como uma "filosofia da práxis", fornece o fundamento teórico para a concepção de revolução de Marx: a transformação das condições sociais e, ao mesmo tempo, a autotransformação dos indivíduos, por meio do processo da práxis revolucionária. A passagem-chave dessa perspectiva é a Tese III:

> A doutrina materialista de que os homens são produto das circunstâncias e da educação e de que, portanto, homens modificados são produto de circunstâncias diferentes e de educação modificada, esquece que as circunstâncias são modificadas precisamente pelos homens e que o próprio educador precisa ser educado. Leva, pois, forçosamente, à divisão da sociedade em duas partes, uma das quais se sobrepõe a ela. A coincidência da modificação das circunstâncias e da atividade humana só pode ser apreendida e racionalmente compreendida como prática revolucionária.[5]

A prática revolucionária muda simultaneamente as circunstâncias materiais (isto é, as condições econômicas, sociais e políticas) e o sujeito da ação (*Selbstveränderung*). Trata-se, portanto, da superação dialética (*Aufhebung*) da antítese entre o materialismo francês do século XVIII (e seus discípulos alemães como Feuerbach) e os jovens hegelianos (idealistas). Enquanto o

---

*   *Teses sobre Feuerbach* (trad. Silvio Donizete Chagas, São Paulo, Centauro, 2010). (N. E.)

[4]   Friedrich Engels, "Ludwig Feuerbach and the End of Classical German Philosophy", em Karl Marx e Friedrich Engels, *Marx-Engels Collected Works*, v. 26 (Londres, Lawrence & Wishart, 1990), p. 520.

[5]   Karl Marx, "Theses on Feuerbach", em Karl Marx e Friedrich Engels, *Marx-Engels Collected Works*, v. 5 (Londres, Lawrence & Wishart, 1975), p. 4 [ed. bras.: *Teses sobre Feuerbach*, cit.]

90 MARX, ESSE DESCONHECIDO

primeiro defende principalmente a mudança das condições materiais, o último acredita na alteração da consciência das pessoas como precondição para a mudança social. Os primeiros comunistas ou socialistas, muitas vezes materialistas, confiavam a um indivíduo ou a um grupo "acima da sociedade", a uma elite de "cidadãos virtuosos" ou, em alguns casos, a um rei ou a um imperador, a tarefa de mudar as circunstâncias. Em outras palavras, a noção de práxis revolucionária é o fundamento teórico da concepção marxista *radicalmente democrática* da revolução como autoemancipação do proletariado.

Essa ideia é desenvolvida logo depois em *A ideologia alemã** (1845-1846), um extenso manuscrito que Marx escreveu com Engels, mas que depois abandonou, nas palavras do primeiro, à "crítica roedora dos ratos"[6]. Em uma passagem decisiva, provavelmente escrita por Marx (como a maior parte do manuscrito), o argumento da terceira tese sobre Feuerbach é retomado e desenvolvido:

> tanto para a criação em massa dessa consciência comunista quanto para o êxito da própria causa faz-se necessária uma transformação massiva dos homens, o que só se pode realizar por um movimento prático, por uma *revolução*; que a revolução, portanto, é necessária não apenas porque a classe dominante não pode ser derrubada de nenhuma outra forma, mas também porque somente com uma revolução a classe *que derruba* detém o poder de desembaraçar-se de toda a antiga imundície e de se tornar capaz de uma nova fundação da sociedade [...]. na atividade revolucionária, o transformar a si mesmo coincide com o transformar as circunstâncias.[7]

Em outros termos, a revolução é necessária não apenas para destruir o antigo sistema, mas também para permitir ao proletariado superar, por sua própria ação prática, seus obstáculos "internos", transformando sua consciência e tornando-se capaz de construir uma nova sociedade, comunista. Na teoria revolucionária de Marx — na contramão da maioria das concepções anteriores de mudança social, dos jacobinos a François-Noël Babeuf (1760-1797) e de Claude-Henri de Saint-Simon (1760-1825) a Robert Owen (1771-1858) —,

---

* *A ideologia alemã* (trad. Rubens Enderle, Nélio Schneider e Luciano Cavini Martorano, São Paulo, Boitempo, 2007). (N. E.)

[6] Karl Marx, "A Contribution to the Critique of Political Economy", em Karl Marx e Friedrich Engels, *Marx-Engels Collected Works*, v. 29 (Londres, Lawrence & Wishart, 1987), p. 264.

[7] Karl Marx e Friedrich Engels, "The German Ideology", em idem, *Marx-Engels Collected Works*, v. 5, cit., p. 52-3, 214 [ed. bras.: *A ideologia alemã*, trad. Rubens Enderle, Nélio Schneider e Luciano Cavini Martorano, São Paulo, Boitempo, 2007, p. 42, 209].

PRÁTICA REVOLUCIONÁRIA: OS PRIMEIROS ESCRITOS 91

não pode haver nenhum salvador supremo: a única emancipação possível do trabalho é a autoemancipação revolucionária.

As ideias revolucionárias, para Marx, não se originam nos escritos dos filósofos, e sim na experiência de uma classe, o proletariado – o que não significa que indivíduos de outras classes não possam se juntar à luta pelo comunismo. O proletariado, como estabelecido em *A ideologia alemã*, "é uma classe que tem de suportar todos os fardos da sociedade sem desfrutar de suas vantagens e que [é] expulsa da sociedade [...]; uma classe que configura a maioria dos membros da sociedade e da qual emana a consciência da necessidade de uma revolução radical, a consciência comunista, que também pode se formar, naturalmente, entre as outras classes, graças à percepção da situação dessa classe"[8].

Essa teoria da revolução como autoemancipação é uma dimensão essencial dos escritos políticos de Marx dos anos subsequentes. Tome-se, por exemplo, o *Manifesto Comunista** (1848). Sua definição do movimento operário revolucionário é claramente oposta a qualquer vanguardismo "substitucionista": "Todos os movimentos históricos têm sido, até hoje, movimentos de minorias ou em proveito de minorias. O movimento proletário é o movimento autônomo da imensa maioria"[9].

O confronto de Marx e Engels com os socialistas utópicos deriva dessa crença fundamental: estes são louvados por suas ideias sobre uma sociedade futura, mas criticados por sua atitude em relação ao proletariado, por eles considerado sem "nenhuma iniciativa histórica, nenhum movimento político que lhes seja peculiar"; "a classe operária só existe para eles sob esse aspecto, o de classe mais sofredora". Por conseguinte, eles rejeitam qualquer ação política e "em particular qualquer ação revolucionária por parte da classe trabalhadora"[10].

Marx e Engels participaram da revolução de 1848 na Alemanha, mas foram forçados, em 1849, a se exilar na Inglaterra[11]. Foi em Londres, portanto, que redigiram um documento, a "Mensagem do Comitê Central à Liga dos

---

[8]   Ibidem, p. 60 e 52 [ed. bras.: p. 41-2].

*   *Manifesto Comunista* (trad. Álvaro Pina e Ivana Jinkings, São Paulo, Boitempo, 1998). (N. E.)

[9]   Idem, "Manifesto of the Communist Party", cit., p. 495 [ed. bras.: *Manifesto Comunista*, cit., p. 50].

[10] Ibidem, p. 515-7 [ed. bras.: p. 65-7, com modificações].

[11] O melhor ensaio sobre a estratégia de Marx durante a revolução de 1848 é o do marxista espanhol F. Claudin, *Marx, Engels y la Revolución de 1848* (Madri, Siglo XXI, 1975).

Comunistas", que buscava tirar lições do movimento revolucionário alemão. Nesse momento, eles ainda acreditavam que um ressurgimento do movimento revolucionário era possível e consideravam quais formas de lutas revolucionárias e autolibertárias da massa proletária poderiam ser adotadas na Alemanha. De acordo com essa mensagem, os proletários deveriam estabelecer a própria autoridade – em oposição às autoridades burguesas – por meio da formação de comitês de trabalhadores: "Eles deveriam estabelecer imediatamente seus próprios governos de trabalhadores paralelamente ao novo governo oficial, seja na forma de conselhos municipais, seja na forma de clubes ou de comitês de trabalhadores".

Além disso, Marx e Engels acreditavam que os trabalhadores deveriam se armar "como uma guarda proletária com comandantes por eles eleitos e com um estado-maior de sua escolha, colocando-se sob o comando não da autoridade do Estado, mas dos conselhos municipais revolucionários, fundados pelos trabalhadores"[12].

Trata-se do primeiro escrito em que Marx e Engels evocam a perspectiva estratégica da revolução permanente e apreciam as modalidades pelas quais uma revolução democrática em um Estado retrógrado, semifeudal e absoluto (a Alemanha em meados do século XIX) poderia se transformar em uma revolução proletária:

> enquanto o pequeno-burguês democrático deseja concluir a revolução o mais rápido possível [...], é de nosso interesse e nosso dever tornar a revolução permanente até que todas as classes mais ou menos proprietárias tenham sido despojadas pela força de sua posição de dominação, até que o proletariado tenha conquistado o poder do Estado.[13]

Como proposição imediata, a "Mensagem do Comitê Central à Liga dos Comunistas" estava evidentemente equivocada, pois a revolução já havia sido esmagada na Alemanha; mas o documento aparece, em retrospecto, como uma previsão quase profética da Comuna de Paris, em 1871, e da Revolução de Outubro, na Rússia, em 1917.

---

[12] Karl Marx e Friedrich Engels, "Address of the Central Authority to the League" (March 1850), em idem, *Marx-Engels Collected Works*, v. 10 (Londres, Lawrence & Wishart, 1978), p. 281-2.

[13] Ibidem, p. 281.

A revolução como autoemancipação: a Primeira Internacional e a Comuna de Paris

As revoluções europeias de 1848-1850 foram esmagadas, mas tiveram uma forma particular de continuação na Espanha. Em junho de 1854, dois generais "liberais", Don Leopoldo O'Donnell (1809-1867) e Don Joaquín Baldomero Fernández-Espartero (1793-1879), apoiados pelas barricadas do povo, organizaram um levante militar que libertou os prisioneiros políticos e prometeu reformas. Dois anos depois, em julho de 1856, O'Donnell, com a cumplicidade do rei da Espanha, tomou o poder em um golpe. A Assembleia Nacional burguesa capitulou e apenas a classe trabalhadora dos distritos de Madri resistiu até ser massacrada – após vários dias de guerrilha urbana desesperada – pelo exército regular. Esse episódio apresenta algumas semelhanças com o levante de junho de 1848, em Paris, e Marx, em seus artigos sobre a revolução na Espanha para o *New York Tribune*, conclui que "os proletários foram traídos e abandonados pela burguesia" e que "as mesmas divisões nas fileiras do povo que existem no resto da Europa ocidental"[14] estavam presentes também na Espanha.

A ideia da autoemancipação do proletariado não é levantada apenas nos primeiros escritos de Marx, mas também em seus trabalhos posteriores. Marx não participou da fundação da Associação Internacional dos Trabalhadores (AIT) em 1864, mas foi convidado a escrever alguns de seus documentos de base. Eis como definiu, no "Preâmbulo dos Estatutos da Associação Internacional dos Trabalhadores", o princípio orientador do movimento: "A emancipação das classes trabalhadoras deve ser obra das próprias classes trabalhadoras"[15]. Foi em nome dessa ideia simples e forte de autoemancipação que ele se opôs a todas as tendências, no interior da AIT, que buscavam criar seitas utópicas, dogmáticas ou conspiratórias fora do movimento operário. Em *Les Prétendues scissions dans l'Internationale** (1872), Marx e Engels insistem que "as seitas formadas por esses iniciadores são abstencionistas por sua própria natureza –

---

[14] Karl Marx e Friedrich Engels, *Revolution in Spain* (Nova York, International Publisher, 1930), p. 240.

[15] Marcello Musto (org.), *Workers Unite! The International 150 years later* (Londres, Bloomsbury, 2014), p. 265. As resoluções e os documentos da AIT são retirados da antologia de documentos mais importantes dessa organização publicada por Musto em 2014.

* Karl Marx, *As pretensas cisões na Internacional* (trad. Edgar Malagodi, São Paulo, Global, 1980). (N. E.)

94   MARX, ESSE DESCONHECIDO

isto é, estranhas a toda ação política, greves, coalizões etc., ou, em uma palavra, a qualquer movimento unido" do proletariado[16].

Desde o início de seu exílio na Inglaterra em 1849, Marx acompanhou o desenvolvimento do movimento operário britânico com grande interesse. Ele foi se convencendo cada vez mais que, sendo a Inglaterra o país capitalista industrial mais avançado, seria o primeiro a experimentar uma revolução proletária. Também acreditava que tal revolução emanciparia o povo irlandês da opressão colonial britânica. Em carta de 9 de abril de 1870 a Sigfrid Meyer (1840-1872) e August Vogt (1830-1883), dois comunistas e ativistas da AIT residentes nos Estados Unidos, Marx reafirmou sua primeira convicção, mas mudou resolutamente de opinião a respeito da Irlanda:

> A Inglaterra, sendo a metrópole do capital, a potência que até então governava o mercado mundial, é agora o país mais importante para a revolução operária e, mais ainda, o único país em que as condições materiais para esta revolução se desenvolveram até certo grau de maturidade. Acelerar a revolução social na Inglaterra é, portanto, o objetivo mais importante da Associação Internacional dos Trabalhadores. A única maneira de acelerá-lo é tornar a Irlanda independente.[17]

Preocupado com a capacidade da burguesia inglesa de "dividir para reinar", colocando trabalhadores ingleses e irlandeses uns contra os outros na Grã-Bretanha, Marx agora acreditava que a AIT deveria fazer todos os esforços para "despertar uma consciência na classe operária inglesa a fim de que a *emancipação nacional da Irlanda* não seja questão de justiça abstrata ou de sentimento humanitário, mas sim a *condição primeira de sua própria emancipação social*"[18]. No mesmo ano, Marx escreveu uma resolução sobre a Irlanda para a AIT na qual desenhou uma famosa conclusão universal, relevante para todas as formas de domínio imperial e colonial:

---

[16]   Idem, *Workers Unite!*, cit., p. 288. Em carta de 23 de novembro de 1871, Marx explica a seu amigo Friedrich Bolte o significado histórico da AIT: "A Internacional foi fundada para substituir as seitas socialistas ou semissocialistas por uma verdadeira organização da classe trabalhadora para a luta. Os estatutos originais e o discurso de posse mostram isso em uma rápida olhada"; Karl Marx, em Karl Marx e Friedrich Engels, *Marx-Engels Collected Works*, v. 44 (Londres, Lawrence & Wishart, 1989), p. 252.

[17]   Idem. "Karl Marx a S. Meyer e A. Vogt, 9 de abril de 1870", em Karl Marx e Friedrich Engels, *Marx-Engels Collected Works*, v. 43 (Londres, Lawrence & Wishart, 1988), p. 475.

[18]   Ibidem.

PRÁTICA REVOLUCIONÁRIA: OS PRIMEIROS ESCRITOS   95

A Irlanda é a única desculpa do governo para manter um grande exército regular, que pode, como vimos, em caso de necessidade, atacar os trabalhadores ingleses, após ter feito seu treinamento básico na Irlanda [...]. O que a Roma Antiga demonstrou em escala gigantesca pode ser visto na Inglaterra de hoje: que um povo que subjuga outro povo forja suas próprias correntes.[19]

A grande experiência histórica da revolução proletária no tempo de Marx foi, claro, a Comuna de Paris, em 1871, da qual os membros da AIT participaram ativamente. Os escritos de Marx sobre a Comuna de Paris ilustram como ele desenvolveu e enriqueceu a própria concepção de revolução: não por meio de argumentos teóricos abstratos, mas aprendendo com a experiência histórica concreta. Para ele, como se pode concluir de *A guerra civil na França* (1871) – bem como das ricas notas preliminares a esse documento –, escrito em nome da AIT, a Comuna de Paris é nada menos que a primeira manifestação verdadeira e concreta da revolução proletária, definida por ele em seus primeiros escritos como o primeiro momento de um grande processo em que a mudança de consciência do povo coincide com a alteração das condições sociais:

A classe trabalhadora não esperava milagres da Comuna. Ela não tem uma utopia pronta para introduzir por decreto do povo. Eles sabem que para alcançar sua própria emancipação, conhecendo ao mesmo tempo para qual forma superior a sociedade atual tende irresistivelmente através de seus próprios arranjos econômicos, eles terão que passar por longas lutas, por uma série de processos históricos, que transformam as circunstâncias e os homens.[20]

Essa passagem, como várias outras nos escritos de Marx, contém um elemento de fatalismo econômico: a crença de que a sociedade capitalista "tende irresistivelmente" para o socialismo "por seus próprios arranjos econômicos"[21].

---

[19]   Marcello Musto (org.), *Workers Unite!*, cit., p. 250.

[20]   Karl Marx, "The Civil War in France: Address of the General Council of the International Working Men's Association", em Karl Marx e Friedrich Engels, *Marx-Engels Collected Works*, v. 22 (Londres, Lawrence & Wishart, 1986), p. 335 [ed. bras.: Karl Marx, *A guerra civil na França*, trad. Rubens Enderle, São Paulo, Boitempo, 2011].

[21]   Esse "fatalismo" econômico também aparece em outros escritos de Marx, por exemplo, em *O capital*. Uma nova abordagem foi sugerida pela famosa alternativa de Rosa Luxemburgo (1871-1919), socialismo ou barbárie (*A crise da social-democracia*). Inspirado nas ideias luxemburguesas, o marxista heterodoxo Lucien Goldmann (1903-1970) sustenta, em seu livro *O deus oculto: estudo sobre a visão trágica nos "pensamentos" de Pascal e no teatro de Racine* [ed. bras.: trad. Maria Luiza X. de A. Borges, São Paulo, Paz e Terra, 1979] que

MARX, ESSE DESCONHECIDO

Mas a ênfase principal desse trecho de Marx sobre a Comuna está no arranjo emancipatório da classe oprimida. A Comuna não é nem uma conspiração – como sustentam a imprensa reacionária e as autoridades policiais – nem um golpe. É "o povo agindo para si mesmo, por si mesmo"[22]. É o que ficou claro desde seu primeiro decreto, abolindo o exército permanente e o substituindo pelo povo em armas.

As autoridades estabelecidas por essa revolução democrática autoemancipatória não podiam ser, com efeito, autoridades do tipo jacobino. Ela configurou, ao contrário, um "governo da classe trabalhadora", "um governo do povo para o povo", "uma retomada em mãos pelo povo e para o povo de sua própria vida social"[23]. A Comuna foi também uma *revolução contra o Estado*: em vez de tentar conquistar o aparato estatal – uma estrutura talhada para a dominação parasitária do povo –, a revolução parisiense o destruiu e o substituiu por instituições adequadas ao autogoverno popular[24].

Em setembro de 1871, na conferência da AIT em Londres, Marx e Engels propuseram uma resolução "sobre a ação política da classe operária" que definia o partido revolucionário como uma forma de auto-organização proletária: "A constituição da classe trabalhadora em um partido político é indispensável para garantir o triunfo da revolução social e seu fim último – a abolição das classes". O mesmo documento enfatiza também que a "conquista do poder político se tornou, portanto, o dever supremo da classe trabalhadora"[25].

---

o triunfo de uma revolução socialista não pode ser cientificamente demonstrado, sendo baseado em uma "aposta" em nossa ação coletiva. O argumento de Goldmann foi posteriormente retomado por Daniel Bensaïd (1946-2010) em seu livro *Le Pari mélancolique* (Paris, Fayard, 1997).

[22] O correspondente em Paris do *Daily News* inglês não encontrou nenhum líder exercendo a "autoridade suprema" – fato sobre o qual Marx, em *A guerra civil na França*, comenta ironicamente que "choca os burgueses que querem ídolos políticos e 'grandes homens'" (ver Karl Marx, "The Civil War in France", cit., p. 464 e 478) [ed. bras.: *A guerra civil na França*, trad. Rubens Enderle, São Paulo, Boitempo, 2011, p. 108].

[23] Ibidem, p. 334, 339, 464.

[24] Isso fica claro na conhecida carta de Marx a Louis Kugelmann (1829-1902), de 12 de abril de 1871, após as primeiras semanas do processo revolucionário parisiense, na qual fala da destruição da "máquina militar burocrática" como algo "essencial para toda revolução genuína do povo no continente" (idem, em Karl Marx e Friedrich Engels, *Marx-Engels Collected Works*, v. 44, cit., p. 131).

[25] Marcello Musto (org.), *Workers Unite!*, cit., p. 285. O argumento central de John Holloway, em seu livro *Mudar o mundo sem tomar o poder*, baseia-se na distinção entre o "poder de",

PRÁTICA REVOLUCIONÁRIA: OS PRIMEIROS ESCRITOS   97

O Marx tardio: Alemanha e Rússia, centro e periferia

A questão da autoemancipação revolucionária se tornou um princípio central das lutas revolucionárias de Marx (e de Engels) ao longo da década de 1870, no âmbito do Partido Social-Democrata da Alemanha (SPD), que ambos ajudaram a fundar. Eles escreveram vários documentos que combatiam as tendências não revolucionárias entre seus dirigentes: primeiro, os lassallianos, que defendiam a mudança social "por cima", pelo Estado – e até, para Ferdinand Lassalle (1825-1864), em aliança com Bismarck! –, e, mais tarde, os revisionistas.

Essa última luta é menos conhecida, mas é uma ilustração poderosa da continuidade de sua perspectiva revolucionária. Em 1879, três intelectuais do SPD – Karl Höchberg (1853-1885), Karl August Schramm (1807-1869) e Eduard Bernstein (1850-1932) – escreveram um artigo no *Jahrbuch für Sozialwissenschaft und Sozialpolitik* demandando uma revisão da política do partido: abandono de seu "caráter estritamente operário" e de sua excessiva tendência revolucionária. O artigo propunha ainda que o SPD envidasse mais esforços para "conquistar a referida camada superior da sociedade", bem como para confiar seus mandatos no Reichstag a pessoas que haviam tido oportunidade de estudar, o que não era o caso do "simples trabalhador".

Irritados com esse empreendimento "revisionista", Marx e Engels enviaram uma circular aos líderes do SPD, o chamado grupo de Leipzig – Wilhelm Liebknecht (1826-1900), August Bebel (1840-1913) e Wilhelm Bracke (1842--1880), que se consideravam seus discípulos –, conclamando-os a se distanciarem da linha reformista do *Jahrbuch für Sozialwissenschaft und Sozialpolitik*. O documento enfatiza fortemente o princípio da autoemancipação proletária.

---

a capacidade de fazer coisas, e o "poder sobre", a capacidade de comandar os outros para fazerem o que se quer que eles façam. As revoluções, de acordo com Holloway, deveriam promover a primeira e erradicar a segunda. Mas pode haver uma forma de vida e ação coletiva para os seres humanos sem qualquer forma de "poder sobre"? Em uma das poucas passagens em que menciona alguns exemplos históricos positivos de autoemancipação revolucionária, Holloway se refere à Comuna de Paris tal como Marx a discute. No entanto, na Comuna de Paris, segundo Marx, surgiu uma nova forma de poder, que não era mais um Estado no sentido usual do termo, e sim uma combinação de democracia direta e representativa exercendo o poder sobre a população por meio de seus decretos e decisões. Esse poder, esse poder democrático da Comuna de Paris, foi literalmente "tomado", a começar pela apreensão dos instrumentos materiais do poder, as armas da Guarda Nacional. John Holloway, *Change the World without Taking Power: The Meaning of Revolution Today* (Londres, Pluto, 2002) [ed. bras.: *Mudar o mundo sem tomar o poder*, trad. Emir Sader, São Paulo, Boitempo, 2003].

Quanto a nós, dados os nossos antecedentes, apenas um caminho nos está aberto. Há quase quarenta anos, insistimos no fato de que a luta de classes é a força motriz imediata da história e, em particular, que a luta de classes entre a burguesia e o proletariado é a grande alavanca da revolução social moderna; por consequência, não podemos cooperar com homens que buscam eliminar a luta de classes do movimento. Na fundação da AIT, formulamos expressamente o grito de guerra: "A emancipação da classe trabalhadora deve ser obra da própria classe trabalhadora". Portanto, não podemos cooperar com homens que dizem abertamente que os trabalhadores são muito incultos para se emancipar, que eles devem primeiro ser emancipados de cima por membros filantrópicos das classes altas e da burguesia. Se o órgão do novo partido deve adotar a política que corresponde às opiniões desses senhores, se é burguês e não proletário, então tudo o que podemos fazer – para nosso grande pesar – é declarar-nos publicamente contrários a ele e abandonar a solidariedade com que até agora representamos o partido alemão no exterior.[26]

Como muitos socialistas alemães, Marx acreditava que a revolução proletária começaria nos países capitalistas industriais mais avançados da Europa ocidental; mas em seus últimos escritos ele considerou a possibilidade de que ela pudesse começar na "atrasada" Rússia czarista. Assim, em uma carta de 1881 à revolucionária russa Vera Zasulich (1849-1919), ele afirma que a comuna rural russa (*obchtchina*) é o ponto estratégico da regeneração social na Rússia[27]. Nos rascunhos da carta, ele é ainda mais explícito e sugere que, sob certas condições políticas – uma revolução russa –, a comuna rural russa poderia fornecer a base para uma transição para o socialismo[28]. A mesma ideia é apresentada, desta vez por Marx e Engels, no prefácio à reedição da tradução

---

[26] Karl Marx e Friedrich Engels, "Circulars letters to August Bebel and others, 17-18 sept. 1879", em idem, *Marx-Engels Collected Works*, v. 45 (Londres, Lawrence & Wishart, 1991), p. 394. Essa mensagem é uma notável reafirmação da autoemancipação revolucionária do proletariado, um tema que percorreu sua correspondência a partir da década de 1840. A referência aos "quarenta anos" de reivindicação é um pouco exagerada na medida em que é apenas após 1844 que essa ideia se tornou a estrela-guia de seu pensamento e de sua ação política. Como bem sabemos, Bebel e seus amigos não aderiram aos revisionistas, mas, após sua morte, e, mais particularmente, depois de 1914, a tendência antirrevolucionária tornou-se hegemônica no SPD e na maioria dos partidos da Segunda Internacional. Essa circular, um dos documentos esquecidos do marxismo, só foi publicada em 1931, em um jornal comunista, constituindo um resumo significativamente poderoso de sua perspectiva revolucionária, passada e presente.

[27] Karl Marx, "Letter to Vera Zasulich, 1881", cit., p. 370.

[28] Idem, "Drafts to the Letter to Vera Zasulich", cit., p. 346-69.

russa do *Manifesto Comunista*, escrito em 1882, apenas um ano antes da morte de Marx. Eles acreditavam que, se uma revolução russa desse o sinal a uma revolução proletária no Ocidente, a forma de propriedade comunal, que prevalece na Rússia, poderia ser o ponto de partida para uma via comunista de desenvolvimento[29].

É verdade que Marx era excessivamente otimista sobre o papel da comunidade aldeã russa, mas, uma vez mais, esse erro de previsão contém uma intuição poderosa: que a revolução poderia irromper em um país "atrasado", na periferia e não no coração do sistema; que tal revolução poderia iniciar a transição para o socialismo; e que o sucesso desse empreendimento monumental dependia em grande medida da extensão da revolução ao Ocidente. De um ponto de vista metodológico, os últimos escritos de Marx sobre uma eventual revolução russa evitam qualquer forma de determinismo econômico. As condições socioeconômicas são evidentemente essenciais para definir o campo do possível, mas a decisão final da história depende de fatores políticos autônomos: as revoluções na Rússia e na Europa.

Depois de Marx

Muitas contribuições importantes para a teoria marxista da revolução foram feitas ao longo do século XX. Alguns exemplos são a teoria do partido da vanguarda revolucionária de Vladímir Lênin (1870-1924), a teoria da revolução permanente de Leon Trótski (1879-1940), Rosa Luxemburgo sobre o socialismo e as liberdades democráticas, a estratégia de luta pela hegemonia de Gramsci e a concepção de José Carlos Mariátegui (1894-1930) a respeito de uma revolução socialista enraizada nas tradições comunais indígenas. A renovação da teoria marxista da revolução no século XXI deve lidar com essas contribuições levando em conta sua sagacidade e suas limitações.

---

[29] Karl Marx e Friedrich Engels, "Preface to the Second Russian Editions of the Manifesto of the Communist Party", em idem, *Marx-Engels Collected Works*, v. 24, cit., p. 425. Sobre Marx e a Rússia, ver o ensaio de Theodor Shanin, *Late Marx and the Russian Road: Marx and the "Peripheries of Capitalism"* (Nova York, Monthly Review, 1983). Para uma discussão geral sobre o interesse de Marx pelo "mundo não ocidental", ver Kevin B. Anderson, *Marx at the Margins: On Nationalism, Ethnicity and Non-Western Societies* (Chicago, University of Chicago, 2010) [ed. bras.: *Marx nas margens: nacionalismo, etnias e sociedades não ocidentais*, trad. Allan M. Hillani e Pedro Davoglio, São Paulo, Boitempo, 2019].

A revolução é coisa do passado? O discurso dominante após a queda do Muro de Berlim (1989) foi a celebração do fim da História e, sobretudo, da história revolucionária. Na verdade, novas revoluções no século XXI são não apenas possíveis, mas também prováveis. Como superar a ditadura mundial dos mercados financeiros sem desafiar o próprio sistema capitalista por meio de um processo revolucionário? Naturalmente, as revoluções do futuro serão bem diferentes das do passado, e totalmente imprevisíveis. Mas essa invenção de novas formas não é a característica por excelência das revoluções?

A teoria da revolução de Marx – a filosofia da práxis e, dialeticamente ligada a ela, a ideia de autoemancipação dos trabalhadores – permanece uma bússola preciosa. A queda do Muro de Berlim não apenas não a tornou obsoleta, como, ao contrário, ela continua a nos fornecer uma chave decisiva para entender por que a tentativa de "construir o socialismo" sem o povo (ou contra ele) – de "emancipar" o trabalho a partir de cima, por um poder burocrático autoritário – está inevitavelmente fadada ao fracasso. Para Marx, a democracia revolucionária – o equivalente político da autoemancipação – não é uma dimensão opcional, mas sim a natureza intrínseca do próprio socialismo, como associação livre de indivíduos que tomam em suas mãos a produção de sua vida comum. Longe de "falsificar" a teoria da revolução marxista, a experiência histórica da União Soviética stalinista (e dos demais países do Leste Europeu) é sua confirmação mais surpreendente.

Isso não significa que possamos encontrar em Marx a resposta para todos os nossos problemas ou que não haja nada a reconsiderar ou a criticar no complexo *corpus* de seus pontos de vista econômicos e políticos. É por isso que a herança de Marx deve ser enriquecida com a experiência das revoluções do século XX: de suas lições negativas e positivas, da de Outubro de 1917 e das grandes sublevações ocorridas na Europa (Espanha), na Ásia (China, Vietnã) e na América do Sul (Cuba, Nicarágua); e, por último, mas ainda mais importante, tal legado deve ser revisto e corrigido com as contribuições de outras tradições socialistas (utópicas, anarquistas, comunitárias), tanto quanto de outros novos movimentos sociais que se desenvolveram nas últimas décadas, como o da libertação dos negros, o indigenismo, o feminismo e a ecologia. É precisamente porque não é um sistema dogmático e fechado, mas sim uma tradição de teoria e prática revolucionária aberta, que o marxismo pode crescer e se desenvolver confrontando novas questões e novos desafios, aprendendo com outras experiências e outros movimentos emancipatórios.

A crise ecológica do século XXI é talvez o maior desafio para o marxismo hoje, pois exige uma revisão de seu conceito de revolução[30]. Há uma tensão nos escritos de Marx e Engels entre a compreensão do caráter destrutivo do "progresso" capitalista em relação ao meio ambiente e a aceitação das forças produtivas criadas pelo capitalismo como base da nova sociedade.

A revolução ecológica/socialista implica uma ruptura radical com o conjunto do paradigma capitalista da civilização, com suas formas de produção e de consumo ecologicamente destrutivas e seu modo de vida insustentável. Em outras palavras, o conceito marxista tradicional de revolução é indispensável, mas deve ser aprofundado, radicalizado e ampliado. Deve incluir não apenas uma transformação radical nas relações de produção (propriedade privada), mas também na estrutura das forças produtivas, nas fontes de energia (solar, em vez de fóssil), assim como nos padrões de consumo perdulários. A revolução significa hoje o estabelecimento de um novo modelo de civilização, para além da civilização industrial capitalista ocidental, que – graças ao aquecimento global – está levando a humanidade a uma catástrofe sem precedentes.

Em uma nota preparatória a suas teses "Sobre o conceito de história", Walter Benjamin (1890-1940) sugere uma nova imagem para o conceito de revolução, diferente daquela oferecida em vários escritos de Marx: "Marx diz que as revoluções são a locomotiva da história mundial. Mas talvez as coisas sejam muito diferentes. É possível que as revoluções sejam o ato pelo qual a humanidade que viaja no trem puxa o freio de emergência"[31].

Isso é muito pertinente no século XXI. Somos todos passageiros de um trem suicida, o trem do capitalismo moderno, que se lança cada vez mais rápido na direção do abismo: a mudança climática. Somente a revolução pode impedir esse desenlace, antes que seja tarde demais.

---

[30] Ver o trabalho de um dos importantes ecomarxistas na atualidade, John Bellamy Foster, *The Ecological Revolution: Making Peace with the Planet* (Nova York, Monthly Review, 2009) [ed. bras.: *A ecologia de Marx: materialismo e natureza*, trad. Carlos Szlak, São Paulo, Boitempo, 2011].

[31] W. Benjamin, *Gesammelte Schriften*, v. I, 3 (Frankfurt, Suhrkampf, 1977). Esta nota não aparece na versão final do documento. As teses a respeito de "Sobre o conceito de história" são uma tentativa radical de emancipar o conceito marxista de revolução de qualquer conexão com a ideologia positivista do "progresso".

A "POESIA DO PASSADO":
MARX E A REVOLUÇÃO FRANCESA

Como muitos intelectuais alemães de sua geração, Marx era literalmente fascinado pela Revolução Francesa: ela era, a seus olhos, a Revolução por excelência – com mais precisão, "a revolução mais colossal que a história conheceu"[1].

Sabe-se que em 1844 ele pretendia escrever um livro sobre a Revolução Francesa, com base na história da Convenção. Já em 1843, começara a consultar livros, a tomar notas, a examinar periódicos e coletâneas. A princípio, tratava-se principalmente de obras alemãs – Karl Friedrich Ernst Ludwig, Wilhelm Wachsmuth –, mas depois predominaram os livros franceses, em particular as memórias do membro da Convenção, Levasseur, cujos extratos preenchem várias páginas do caderno de Marx escrito em Paris em 1844. Além desses cadernos (reproduzidos por Maximilien Rubel no volume III das *Obras*, pela editora Pléiade), as referências citadas em seus artigos ou em seus livros (especialmente durante os anos 1844-1848) atestam a vasta bibliografia consultada: a *História parlamentar da Revolução Francesa*, de Buchez e Roux, a *História da Revolução Francesa*, de Louis Blanc, a de Carlyle, Mignet, Thiers, Cabet, textos de Camille Desmoulins, Robespierre, Saint-Just, Marat etc. Uma lista parcial dessa bibliografia pode ser encontrada no artigo de Jean Bruhat sobre "Marx e a Revolução Francesa", publicado nos *Annales historiques de la Révolution Française* [Anais históricos da Revolução Francesa] de abril a junho de 1966.

O projeto de um livro sobre a Convenção não se concretizou, mas é possível encontrar, entremeados em seus escritos ao longo de sua vida, múltiplos

---

[1] Karl Marx, *Die Deutsche Ideologie* (Berlim, Dietz, 1960 [1846]), p. 92 [ed. bras.: *A ideologia alemã*, trad. Rubens Enderle, Nélio Schneider e Luciano Cavini Martorano, São Paulo, Boitempo, 2007, p. 192].

apontamentos, análises, incursões historiográficas e esboços interpretativos sobre a Revolução Francesa. Esse conjunto está longe de ser homogêneo: testemunha mudanças, reorientações, hesitações e por vezes contradições de sua leitura dos acontecimentos. Mas não é menos possível encontrar aí algumas linhas de força que nos permitem definir a essência do fenômeno – e que inspirarão toda a historiografia socialista ao longo de um século e meio.

Essa definição parte, como sabemos, de uma análise crítica dos resultados do processo revolucionário: desse ponto de vista, trata-se, para Marx, sem sombra de dúvidas, de uma revolução burguesa. Essa ideia não era, em si, nova: a novidade de Marx foi fundir a crítica comunista aos limites da Revolução Francesa (de Babeuf e Buonarroti a Moses Hess) com a análise de classe como feita por historiadores do período da Restauração (Mignet, Thiers, Thierry etc.), situando o todo no quadro da história mundial, graças a seu método histórico materialista. O resultado é uma *visão de conjunto*, vasta e coerente, da paisagem revolucionária francesa, que traz à tona a lógica profunda dos acontecimentos, para além dos múltiplos detalhes, dos episódios heroicos ou perversos, dos retrocessos e avanços. Uma visão crítica e desmistificadora que desvela, por trás da fumaça das batalhas e da embriaguez dos discursos, a vitória de um interesse de classe, o interesse da burguesia. Como ele aponta em uma passagem brilhante e irônica de *A sagrada família* (1845), que captura em um traço o fio condutor da história, "esse interesse era tão poderoso que se impôs vitoriosamente à pena de um Marat, à guilhotina dos terroristas, à espada de Napoleão, ao crucifixo e ao sangue azul dos Bourbons"[2].

Na realidade, a vitória dessa classe significou, ao mesmo tempo, o advento de uma nova civilização, de novas relações de produção, de novos valores – não só econômicos, mas também sociais e culturais –, enfim, de um novo modo de vida. Resumindo em um parágrafo o significado histórico das revoluções de 1648 e de 1789 (suas observações são mais pertinentes para esta última do que para a primeira), Marx observa, em um artigo na *Nouvelle Gazette Rhénane* [*Nova Gazeta Renana*], de 1848:

> Elas foram o triunfo da burguesia, mas o *triunfo da burguesia* significava então o *triunfo de um novo sistema social*, a vitória da propriedade burguesa sobre a propriedade feudal, do sentimento nacional sobre o provincianismo, da concorrência

---

[2]   Idem, *Die Heilige Familie* (Berlim, Dietz, 1953 [1845]), p. 196 [ed. bras.: *A sagrada família*, trad. Marcelo Backes, São Paulo, Boitempo, 2003, p. 99].

A "POESIA DO PASSADO": MARX E A REVOLUÇÃO FRANCESA 105

sobre o corporativismo, da divisão sobre o majoritarismo [...], do Iluminismo sobre a superstição, da família sobre o nome, da indústria sobre a preguiça heroica, da lei burguesa sobre os privilégios medievais.[3]

Evidentemente, essa análise marxiana do caráter burguês da Revolução Francesa não era um exercício acadêmico de historiografia: ela tinha um objetivo *político* preciso. Visava, ao desmistificar 1789, mostrar a necessidade de uma *nova revolução*, a revolução social – aquela que ele designou, em 1844, como sendo a "emancipação humana" (em oposição à emancipação unicamente política) e, em 1846, como a revolução comunista.

Uma das principais características que irão distinguir essa nova revolução da Revolução Francesa de 1798-1794 será, segundo Marx, seu "antiestatismo", sua ruptura com o aparelho burocrático alienado do Estado. Até agora, "todas as revoluções somente aperfeiçoaram a máquina em vez de quebrá-la. Os partidos que lutaram alternadamente pelo poder consideraram a tomada de posse desse monstruoso edifício estatal como a parte do leão dos despojos do vencedor". Ao apresentar essa análise em *O 18 de Brumário*, ele observa – de modo análogo a Tocqueville – que a Revolução Francesa apenas "desenvolveu o que a monarquia absoluta havia começado: a centralização [...], o raio de ação, os atributos e os servidores do poder governamental. Napoleão aperfeiçoou essa máquina do Estado"*. No entanto, durante a monarquia absoluta, a Revolução e o Primeiro Império, esse aparato não foi senão um meio de preparar a dominação de classe da burguesia, que seria exercida mais diretamente sob Luís Filipe e a República de 1848... mesmo que isso significasse ceder mais uma vez à autonomia da política durante o Segundo Reinado – quando o Estado *parece* ter-se tornado "totalmente independente". Em outras palavras: o aparelho de Estado serve aos interesses de classe da burguesia sem necessariamente estar sob seu controle direto. Não tocar no fundamento dessa "máquina" parasitária e

---

[3] Idem, "La bourgeoisie et la contre-révolution" (1848), em Karl Marx e Friedrich Engels, *Sur la Révolution Française* (Paris, Messidor, 1985), p. 121. Além dessa coletânea preparada para as *edições sociais* por Claude Mainfroy, há outra contendo apenas os escritos de Marx (com uma longa introdução de François Furet) reunida por Lucien Calvié (ver François Furet, *Marx et la Révolution Française*, Paris, Flammarion, 1986) [ed. bras.: *Marx e a Revolução Francesa*, trad. Paulo Brandi Cachapuz, Rio de Janeiro, Zahar, 1989]. Ambas as coletâneas estão incompletas. Às vezes uso uma, às vezes outra, e por vezes o original alemão (principalmente para textos que não aparecem em nenhuma das antologias).

* *O 18 de Brumário de Luís Bonaparte* (trad. Nélio Schneider, São Paulo, Boitempo, 2011), p. 140-1. (N. E.)

alienada é uma das limitações burguesas mais decisivas da Revolução Francesa, segundo Marx. Como sabemos, essa ideia esboçada em 1852 viria a ser desenvolvida em 1871, em seus escritos sobre a Comuna — o primeiro exemplo de revolução proletária que estilhaçou o aparelho de Estado e pôs fim a essa "jiboia" que "envolve o corpo social nas malhas universais de sua burocracia, de sua polícia, de seu exército permanente". A Revolução Francesa, por seu caráter burguês, não conseguiu emancipar a sociedade dessa "excrescência parasitária", desse "enxame de vermes do Estado", desse "enorme parasita governamental"[4].

As recentes tentativas de historiadores revisionistas de "superar" a análise marxiana da Revolução Francesa geralmente resultam em uma regressão a interpretações mais antigas, liberais ou especulativas. Confirma-se assim a profunda observação de Sartre: o marxismo é o horizonte insuperável de nosso tempo, e as tentativas de ir "além" de Marx muitas vezes acabam caindo *abaixo* dele. Esse paradoxo pode ser ilustrado pela abordagem do mais talentoso e inteligente representante dessa escola, François Furet, que não encontra outro caminho para ultrapassar Marx senão... o retorno a Hegel. Segundo Furet, "o idealismo hegeliano está infinitamente mais preocupado com os dados concretos da história da França no século XVIII do que o materialismo de Marx". O que são então esses "dados concretos" infinitamente mais importantes que as relações de produção e a luta de classes? Trata-se da "longa obra do Espírito na história"... Graças a ele (o Espírito com "E" maiúsculo), podemos finalmente compreender a verdadeira natureza da Revolução Francesa: mais que o triunfo de uma classe social, a burguesia, ela é "a afirmação da consciência de si como vontade livre, coextensiva ao universal, transparente a si mesma, reconciliada com o ser".

Essa leitura hegeliana dos acontecimentos leva Furet à curiosa conclusão de que a Revolução Francesa terminou em um "fracasso", cuja causa teria de ser procurada em um "erro": o de querer "deduzir o político do social". O responsável por esse "fracasso" seria, em última análise, Jean-Jacques Rousseau. O erro de Rousseau e da Revolução Francesa estaria na tentativa de afirmar a "antecedência do social sobre o Estado". Hegel, ao contrário, compreendera perfeitamente que "é somente por meio do Estado, essa forma superior da história, que a sociedade se organiza segundo a razão". Essa é certamente

---

[4] Karl Marx, "Le Dix-huit Brumaire", em Karl Marx e Friedrich Engels, *Sur la Révolution Française*, cit., p. 148. Ver igualmente *La Guerre civile en France*, citado na mesma coletânea, p. 187-92 [ed. bras.: *A guerra civil na França*, trad. Rubens Enderle, São Paulo, Boitempo, 2011].

A "POESIA DO PASSADO": MARX E A REVOLUÇÃO FRANCESA   107

uma interpretação possível das contradições da Revolução Francesa, mas será mesmo "infinitamente mais concreta" que a esboçada por Marx[5]?

Resta saber até que ponto essa revolução burguesa foi efetivamente conduzida, impulsionada e dirigida pela burguesia. Pode-se encontrar em certos textos de Marx verdadeiros hinos à glória da burguesia revolucionária francesa de 1789; trata-se quase sempre de escritos que a comparam com seu equivalente social do outro lado do Reno: a burguesia alemã do século XIX.

Em 1844, Marx lamentava a inexistência na Alemanha de uma classe burguesa dotada "daquela grandeza de alma que se identifica, mesmo que por um momento, com a alma do povo, daquele gênio que inspira à força material o entusiasmo do poder político, daquela ousadia revolucionária que desafia o adversário: '*eu não sou nada, e deveria ser tudo*'"[6].

Em seus artigos escritos durante a revolução de 1848, ele denunciava constantemente a "covardia" e a "traição" da burguesia alemã, comparando-a ao glorioso paradigma francês:

> a burguesia prussiana não era a burguesia francesa de 1789, a classe que, em face dos representantes da velha sociedade, da realeza e da nobreza, encarnava ela própria *toda* a sociedade moderna. Ela tinha caído à categoria de uma espécie de casta [...] inclinada desde o início a trair o povo e a buscar compromissos com o representante coroado da velha sociedade.[7]

Em outro artigo da *Nouvelle Gazette Rhénane* (julho de 1848), Marx examina esse contraste de modo mais detalhado:

> [...] a burguesia francesa de 1789 não abandonaria nem por um momento seus aliados, os camponeses. Ela sabia que a base de sua dominação era a destruição do feudalismo no campo, a criação de uma classe camponesa livre, possuidora de suas terras. A burguesia alemã de 1848 trai sem hesitar os camponeses, que são *seus aliados mais naturais*, a carne de sua carne, e sem os quais ela é impotente em face da nobreza.[8]

---

5   François Furet, *Marx et la Révolution Française*, cit., p. 81-4 [ed. bras.: *Marx e a Revolução Francesa*, cit.].

6   Karl Marx, "Contribution à la critique de la philosophie du droit de Hegel" [ed. bras.: *Crítica da filosofia do direito de Hegel*, trad. Rubens Enderle, São Paulo, Boitempo, 2005], em François Furet, *Marx et la Révolution Française*, cit., p. 152 [ed. bras.: *Marx e a Revolução Francesa*, cit.].

7   Idem, "La Bourgeoisie et la contre-révolution", em Karl Marx e Friedrich Engels, *Sur la Révolution Française*, cit., p. 123.

8   Idem, "Projet de loi sur l'abrogation des charges féodales", em Karl Marx e Friedrich Engels, *Sur la Révolution Française*, cit., p. 107.

108 MARX, ESSE DESCONHECIDO

Essa celebração das virtudes revolucionárias da burguesia francesa inspirará mais tarde (especialmente no século XX), em certas correntes marxistas, toda uma visão linear e mecânica do progresso histórico. Voltaremos ao assunto mais adiante.

Lendo esses textos, às vezes temos a impressão de que Marx exaltou tanto a burguesia revolucionária de 1789 apenas para melhor estigmatizar a "miserável" falsificação alemã de 1848. Essa impressão é confirmada por textos um pouco anteriores a 1848, nos quais o papel da burguesia francesa parece muito menos heroico. Em *A ideologia alemã*, por exemplo, ele observa a respeito da decisão dos Estados Gerais de se proclamarem uma assembleia soberana: "A Assembleia Nacional foi forçada a dar esse passo adiante, impulsionada pela massa inumerável que a apoiava"[9]. E, em um artigo de 1847, ele sustenta, a respeito da abolição revolucionária dos vestígios feudais em 1789-1794: "Tímida e conciliadora como é, a burguesia não teria chegado ao fim dessa tarefa mesmo em várias décadas. Portanto, a ação sangrenta do povo não fez senão lhe preparar o caminho"[10].

Se a análise de Marx sobre o caráter burguês da Revolução é de notável coerência e clareza, o mesmo não se pode dizer de suas tentativas de interpretar o jacobinismo, o Terror, de 1793. Diante do mistério jacobino, Marx hesita. Essa hesitação é visível nas variações de uma época para outra, de um texto para outro, e às vezes no interior do mesmo documento... Todas as hipóteses que ele apresenta não são do mesmo interesse. Algumas, bastante extremas – e, aliás, perfeitamente contraditórias –, são pouco convincentes. Por exemplo, em uma passagem de *A ideologia alemã*, ele apresenta o Terror como a concretização do "liberalismo enérgico da burguesia"! No entanto, algumas páginas antes, Robespierre e Saint-Just haviam sido definidos como os "autênticos representantes das forças revolucionárias – isto é, da única classe autenticamente revolucionária: a massa 'inumerável'"[11]...

---

[9]   Idem, *L'Idéologie allemande*, citado em Karl Marx e Friedrich Engels, *Sur la Révolution Française*, cit., p. 187 [ed. bras.: *A ideologia alemã*, trad. Rubens Enderle, Nélio Schneider e Luciano Cavini Martorano, São Paulo, Boitempo, 2007, p. 179, com modificações].

[10] Idem, "La critique moralisante et la morale critique (contre Karl Heinzen)", em François Furet, *Marx et la Révolution Française*, cit., p. 207 [ed. bras.: *Marx e a Revolução Francesa*, cit.]

[11] Idem, *L'Idéologie allemande*, citado em François Furet, *Marx et la Révolution Française*, cit., p. 207 [ed. bras.: *Marx e a Revolução Francesa*, cit.].

A "POESIA DO PASSADO": MARX E A REVOLUÇÃO FRANCESA   109

Essa última hipótese é novamente sugerida em uma passagem do artigo contra Karl Heinzen, de 1847. Se, "como em 1794 [...], o proletariado subverte a dominação política da burguesia" antes que as condições materiais de seu poder estejam dadas, sua vitória "será apenas temporária" e servirá, em última análise, à própria revolução burguesa[12]. A formulação é indireta e a referência à Revolução Francesa é feita apenas de passagem, a partir de um debate político atual, mas não deixa de ser surpreendente que Marx pudesse ter encarado os acontecimentos de 1794 como uma "vitória do proletariado"...

Outras interpretações são mais pertinentes e podem ser consideradas mutuamente complementares:

1. O Terror é um momento de autonomização do político, que entra em conflito violento com a sociedade burguesa. O *locus classicus* dessa hipótese é uma passagem de *Sobre a questão judaica** (1844):

> No entanto: nos períodos em que o Estado político é gerado por meio da violência como Estado político a partir da sociedade burguesa [...], o Estado pode e deve avançar até a *abolição da religião* [...], porém, somente na medida em que avance até a abolição da propriedade privada, até o *maximum*, até o confisco, a taxação progressiva, em que avance até a abolição da vida, até a *guilhotina* [...]. a vida política procura esmagar seu pressuposto, a sociedade burguesa e seus elementos, e constituir-se como a vida real e sem contradição do gênero humano. No entanto, ela só consegue fazer isso caindo em contradição *violenta* com suas próprias precondições de vida, ou seja, declarando a revolução como *permanente*, e, em consequência disso, o drama político termina tão necessariamente com a restauração da religião, da propriedade privada, de todos os elementos da sociedade burguesa [...].[13]

O jacobinismo aparece, sob essa luz, como uma tentativa vã e necessariamente abortada de confrontar a sociedade burguesa *a partir do Estado*, de forma estritamente política.

2. Os homens e o Terror – "Robespierre, Saint-Just e seu partido" – foram vítimas de uma ilusão: confundiram a antiga república romana com o Estado representativo moderno. Presos em uma contradição insolúvel, eles queriam

---

[12]   Idem, "La critique moralisante et la morale critique (contre Karl Heinzen)", cit., p. 90.

*   *Sobre a questão judaica* (trad. Nélio Schneider e Wanda Caldeira Brant, São Paulo, Boitempo, 2010). (N. E.)

[13]   Karl Marx, "La question juive", em idem, *Œuvres philosophiques* (Paris, Costes, 1934 [1844]), p. 180-1 [ed. bras.: *Sobre a questão judaica*, cit., p. 42]. Mais adiante, voltarei ao sentido a ser atribuído, nesse contexto, à expressão "revolução em estado permanente".

110 MARX, ESSE DESCONHECIDO

sacrificar a sociedade burguesa "a um modo antigo de vida política". Essa ideia, desenvolvida em *A sagrada família*, implica, como a hipótese anterior, um período histórico de exasperação voltada à autonomização do político. Ela leva à conclusão um tanto surpreendente de que Napoleão é o herdeiro do jacobinismo: ele teria representado "a última batalha do terrorismo revolucionário contra a sociedade burguesa, também proclamada pela Revolução, e contra a sua política". É verdade que ele "não tinha nada de um terrorista exaltado"; no entanto, "ele ainda considerava o Estado como um *fim em si mesmo*, e a vida civil apenas como sua tesoureira e como sua subordinada, devendo renunciar a toda vontade própria. E levou a cabo o *terrorismo* ao pôr no lugar da *revolução permanente* a *guerra permanente*"[14].

Essa tese pode ser reencontrada em *O 18 de Brumário* (1852), mas desta vez Marx insiste na astúcia da razão que faz dos jacobinos (e de Bonaparte) os parteiros dessa mesma sociedade burguesa que eles desprezavam:

> Camille Desmoulins, Danton, Robespierre, Saint-Just, Napoleão, mas também os partidos e as massas da velha Revolução Francesa, enfrentaram a missão da sua época, a saber, a de desencadear e erigir a moderna sociedade *burguesa*. [...] Mas uma vez erigida a nova forma social, desapareceram os colossos antediluvianos e o romanismo que com eles havia ressurgido – os Brutus, Gracos, Publícolas, os tribunos, os senadores e o próprio César. Em sua sóbria realidade, a sociedade burguesa havia gerado os seus verdadeiros intérpretes e porta-vozes: os Says, Cousins, Royer-Collards, Benjamin Constants e Guizots [...].[15]

Robespierre e Napoleão, mesmo combate? A fórmula é discutível. Ela já está presente nos escritos de liberais como Mme de Staël, que descreveu Bonaparte como um "Robespierre a cavalo". Em Marx, em todo o caso, ela mostra a recusa de qualquer filiação direta entre jacobinismo e socialismo. No entanto, tem-se a impressão de que ela decorre menos de uma crítica ao jacobinismo (como em Daniel Guérin um século depois) que de certa "idealização" do homem do 18 de Brumário, considerado por Marx – de acordo com uma tradição da esquerda renana (por exemplo, Heine) – como continuador da Revolução Francesa.

---

14   Idem, "La Sainte Famille", em François Furet, *Marx et la Révolution Française*, cit., p. 170-1 [ed. bras.: *Marx e a Revolução Francesa*, cit.].

15   Idem, "Le Dix-huit brumaire de Louis Bonaparte", em François Furet, *Marx et la Révolution Française*, cit., p. 145-6 [ed. bras.: *Marx e a Revolução Francesa*, cit.]

A "POESIA DO PASSADO": MARX E A REVOLUÇÃO FRANCESA   111

3. O Terror foi um método plebeu para eliminar radicalmente os vestígios feudais e, nesse sentido, foi funcional para o advento da sociedade burguesa. Esta hipótese é sugerida em vários escritos, em particular no artigo sobre "A burguesia e a contrarrevolução", de 1848. Analisando o comportamento das camadas populares urbanas ("o proletariado e as outras categorias sociais não pertencentes à burguesia"), Marx afirma:

> Mesmo onde se opuseram à burguesia, como por exemplo de 1793 a 1794 na França, elas lutaram apenas para fazer triunfar os interesses da burguesia, ainda que não fosse à sua maneira. Todo o Terror na França não passou de um método plebeu para acabar com os inimigos da burguesia: o absolutismo, o feudalismo e o espírito pequeno-burguês.[16]

A vantagem evidente dessa análise era a de integrar os eventos de 1793--1794 na lógica geral da Revolução Francesa – a emergência da sociedade burguesa. Utilizando o método dialético, Marx mostra que os aspectos "anti-burgueses" do Terror só serviram, em última análise, para melhor garantir o triunfo social e político da burguesia.

Os três aspectos destacados por essas linhas de interpretação do jacobinismo – a hipertrofia da política em luta contra a sociedade burguesa, a ilusão de retorno à antiga república e o papel de instrumento plebeu a serviço dos interesses objetivos da burguesia – são totalmente compatíveis e permitem apreender as diferentes facetas da realidade histórica.

No entanto, dois aspectos impressionam: por um lado, a importância algo excessiva que Marx atribui à "ilusão romana" como chave explicativa do comportamento dos jacobinos. Tanto mais que uma das exigências do materialismo histórico é explicar as ideologias e ilusões pela posição e pelos interesses das classes sociais... Ora, não há em Marx (ou em Engels) nenhuma tentativa, mesmo aproximativa, de definir a natureza de classe do jacobinismo. Análises de classe que não faltam em seus escritos sobre a Revolução Francesa: o papel da aristocracia, do clero, da burguesia, dos camponeses, da plebe urbana e até do "proletariado" (conceito um tanto anacrônico na França do século XVIII) são revisitados. Mas

---

[16]   Idem, "La bourgeoisie et la contre-révolution", em Karl Marx e Friedrich Engels, *Sur la Révolution Française*, cit., p. 121. Ver também o artigo contra Karl Heinzen de 1847: "Ao lançar seus violentos golpes de massa, o Terror servia, na França, apenas para fazer desaparecer do território francês, como que por mágica, as ruínas feudais. Para a burguesia tímida e conciliadora várias décadas não teriam sido suficientes para cumprir esta tarefa" (ibidem, p. 90).

MARX, ESSE DESCONHECIDO

o jacobinismo permanece suspenso no ar, no céu da política "antiga" – ou então associado, superficialmente, a todos os estratos plebeus, não burgueses.

Se nos trabalhos sobre a revolução de 1848-1852 Marx não hesita em qualificar os herdeiros modernos da Montanha* como *democratas pequeno--burgueses*, é muito raro que ele estenda essa definição social aos jacobinos de 1793. Uma das únicas passagens em que isso é sugerido é na mensagem de março de 1850 para a Liga dos Comunistas: "Assim como na primeira Revolução Francesa, os pequeno-burgueses darão terras feudais como propriedade gratuita aos camponeses, ou seja, vão querer [...] favorecer uma classe camponesa pequeno-burguesa que cumpra o mesmo ciclo de pauperização e de endividamento no qual o camponês francês ainda está preso atualmente"[17]. Mas essa é, novamente, uma observação "de passagem", na qual os jacobinos nem sequer são explicitamente nomeados. É um fato curioso, mas há muito poucos elementos em Marx (ou em Engels) para uma análise de classe das contradições do jacobinismo – como o fez, por exemplo, Daniel Guérin, segundo o qual o partido jacobino era "ao mesmo tempo pequeno-burguês na cabeça e popular na base"[18].

Em todo o caso, uma coisa é certa: 1793 não era de forma alguma, aos olhos de Marx, um paradigma para a futura revolução proletária. Qualquer que seja sua admiração pela grandeza histórica e pela energia revolucionária de um Robespierre ou de um Saint-Just, o jacobinismo é explicitamente rejeitado como modelo ou fonte de inspiração para a práxis revolucionária socialista. Isso transparece desde os primeiros textos comunistas de 1844, que opunham a emancipação social aos impasses e ilusões do voluntarismo político dos homens do Terror. Mas foi durante os anos 1848-1852, em seus escritos sobre a França, que Marx denunciou, com a maior insistência, a "superstição tradicional de 1793", os "pedantes da velha tradição de 1793", as "ilusões republicanas da tradição de 1793" e todos aqueles que "se intoxicam com o ópio dos

---

*   "A Montanha" era a denominação dada aos membros republicanos e democratas – dentre os quais os jacobinos – da Convenção Nacional, que vigorou entre 1792 e 1795. Assim ficaram conhecidos porque ocupavam os assentos mais altos da Assembleia, em contraste com o grupo moderado (e mais numeroso), designado "A Planície", cujos partidários e/ou simpatizantes se acomodavam nos bancos mais baixos do Parlamento. (N. T.)

[17]   Karl Marx e Friedrich Engels, "Adresse de l'autorité centrale à la Ligue des Communistes" (março de 1850), em idem, *Sur la Révolution Française*, cit., p. 137-8.

[18]   Daniel Guérin, *La Lutte des classes sous la première République* (Paris, Gallimard, 1946), p. 12 [ed. port.: *A luta de classes em França na Primeira República: 1793-1795*, trad. José Barata-Moura, Lisboa, A Regra do Jogo, 1977].

sentimentos e as fórmulas 'patrióticas' de 1793". Esse raciocínio o leva à famosa conclusão formulada em *O 18 de Brumário*: "A revolução social do século XIX não pode tirar sua poesia do passado, mas apenas do futuro. Não pode começar até que tenha liquidado completamente todas as superstições em relação ao passado"[19]. Essa é uma afirmação muito discutível – a Comuna de 1793 inspirou a de 1871, e esta, por sua vez, alimentou o Outubro de 1917 –, mas testemunha a hostilidade de Marx a qualquer ressurgimento do jacobinismo no movimento proletário.

Isso de maneira alguma significa que Marx não tenha percebido, na Revolução Francesa, personagens, grupos e movimentos precursores do socialismo. Em uma passagem muito conhecida de *A sagrada família*, ele passa rapidamente em revista os principais representantes dessa tendência:

> O movimento revolucionário, iniciado em 1798 no *Cercle Social*, que, em meados de sua carreira, teve como principais representantes Leclerc e Roux e acabou sucumbindo temporariamente à conspiração de Babeuf, havia dado origem à ideia comunista que o amigo de Babeuf, Buonarroti, reintroduziu na França após a revolução de 1830. Essa ideia, desenvolvida com consequência, é a ideia do novo estado do mundo.[20]

Curiosamente, Marx parece estar interessado apenas na *ideia* comunista, não dispensando muita atenção ao *movimento social*, à *luta de classes* no âmbito do Terceiro Estado. Além disso, em seus escritos subsequentes, ele não mais se preocupou com esses "germes comunistas" da Revolução Francesa (a não ser com Babeuf), e nunca tentou estudar os choques de classe entre a burguesia e as "classes inferiores" (*bas nus*) no curso da revolução. No velho Engels (em 1889), há algumas rápidas referências ao conflito entre a Comuna (Hébert, Chaumette) e o Comitê de Salvação Pública (Robespierre), mas sem abordar a corrente "raivosa" representada por Jacques Roux[21].

Entre as figuras de precursores, Babeuf é, portanto, o único que parece realmente importante aos olhos de Marx e Engels, que a ele se referem em diversas ocasiões. Por exemplo, no artigo contra Heinzen (1847), Marx observa:

---

[19] Karl Marx e Friedrich Engels, *Sur la Révolution Française*, cit., p. 103, 115 e 118; e François Furet, *Marx et la Révolution Française*, cit., p. 128 e 247 [ed. bras.: *Marx e a Revolução Francesa*, cit.].

[20] Karl Marx e Friedrich Engels, *Sur la Révolution Française*, cit., p. 62.

[21] Carta de Friedrich Engels a Karl Kautsky de 20 de fevereiro de 1889, em Karl Marx e Friedrich Engels, *Sur la Révolution française*, cit., p. 245-6.

114 MARX, ESSE DESCONHECIDO

A primeira aparição de um partido comunista realmente ativo é encontrada no quadro da revolução burguesa, quando a monarquia constitucional é suprimida. Os republicanos mais consistentes, na Inglaterra, os Levellers, na França, Babeuf e Buonarroti, são os primeiros a proclamar essas "questões sociais". A "conspiração de Babeuf", descrita por seu amigo e companheiro Buonarroti, mostra como esses republicanos extraíram do "movimento" da história a ideia de que, eliminando a questão social da monarquia ou da república, ainda não havia sido resolvida a menor "questão social", no sentido do proletariado.

Além disso, a frase no *Manifesto Comunista**** que descreve "as primeiras tentativas do proletariado de impor diretamente seu próprio interesse de classe" – tentativas que ocorreram "no período de convulsão da sociedade feudal" – também remete a Babeuf[22] (explicitamente mencionado nesse contexto). Esse interesse é compreensível, na medida em que várias correntes comunistas na França antes de 1848 foram mais ou menos diretamente inspiradas pelo babouvismo. Mas a questão dos movimentos populares ("*sans-culottes*") antiburgueses – e mais avançados que os jacobinos – dos anos 1793-1794 permanece pouco abordada por Marx (ou Engels).

Pode-se dizer, nessas condições, que Marx percebeu, na Revolução Francesa, não apenas a revolução burguesa, mas também *a dinâmica de revolução permanente*, um embrião da revolução "proletária" indo além do quadro estritamente burguês? Sim e não.

É verdade, como vimos, que Marx usou em 1843-1844 o termo "revolução permanente" para designar a política do Terror. Daniel Guérin entende essa fórmula como indo na direção de sua própria interpretação da Revolução Francesa: "Marx emprega a expressão revolução permanente a propósito da Revolução Francesa. Mostra que o movimento revolucionário de 1793 tentou (por um momento) superar os limites da revolução burguesa"[23]. No entanto, o significado da expressão, em Marx (em *A questão judaica*), não é nada

---

* *Manifesto Comunista* (trad. Álvaro Pina e Ivana Jinkings, São Paulo, Boitempo, 1998). (N. E.)

[22] Karl Marx, "La Critique moralisante et la morale critique (contre Karl Heinzen)", em François Furet, *Marx et la Révolution Française*, cit., p. 91 [ed. bras.: *Marx e a Revolução Francesa*, cit.]. A passagem do *Manifesto Comunista* pode ser encontrada em François Furet, *Marx et la Révolution Française*, cit., p. 215 [ed. bras.: *Marx e a Revolução Francesa*, cit.].

[23] Daniel Guérin, *La Lutte des classes sous la première République*, cit., p. 7 [ed. bras.: *A luta de classes em França na Primeira República: 1793-1795*, cit.].

A "POESIA DO PASSADO": MARX E A REVOLUÇÃO FRANCESA   115

idêntico ao que lhe foi atribuído por Guérin: a "revolução permanente" não designa, nesse momento, um movimento social, semiproletário, que busca desenvolver a luta de classes contra a burguesia – transbordando o poder jacobino –, mas sim a vã tentativa de uma "*vida* política" (encarnada pelos jacobinos), de se emancipar da sociedade civil/burguesa e suprimi-la pela guilhotina. A comparação que Marx esboça um ano depois (*A sagrada família*) entre Robespierre e Napoleão – este último estando supostamente destinado "a realizar o Terror substituindo a *revolução permanente* pela *guerra permanente*" – ilustra bem a distância entre essa fórmula e a ideia de um germe de revolução proletária.

O outro exemplo dado por Guérin no mesmo parágrafo é um artigo de janeiro de 1849 em que Engels indica a "revolução permanente" como um dos traços característicos do "glorioso ano de 1793". No entanto, nesse artigo, Engels menciona como exemplo contemporâneo dessa "revolução permanente" a revolta nacional/popular húngara de 1848, liderada por Lajos Kossuth, "que era para a sua nação Danton e Carnot numa só pessoa". É óbvio que para Engels esse termo era simplesmente sinônimo de mobilização revolucionária do povo, não comportando o sentido de um transcrescimento socialista da revolução[24].

Essas observações não pretendem criticar Daniel Guérin, mas, ao contrário, destacar a profunda *originalidade* de sua abordagem: ele não apenas desenvolveu indicações já presentes em Marx ou Engels, como também formulou, usando a abordagem marxista, uma nova interpretação, que destaca a dinâmica "permanentista" do movimento revolucionário dos "braços nus" [*bras nus*] em 1793-1794.

Dito isso, não há dúvidas de que a expressão "revolução permanente" está intimamente associada, em Marx (e Engels), às memórias da Revolução Francesa. Esse vínculo reside em três níveis:

1. A origem imediata da fórmula provavelmente remete ao fato de que, com frequência, os clubes revolucionários se declaravam reunidos "permanentemente". Essa expressão também aparece em um dos livros alemães sobre a Revolução que Marx havia lido em 1843-1844[25].

---

[24] Friedrich Engels, "Der Magyarische Kampf", em Karl Marx e Friedrich Engels, *Werke*, v. 4 (Berlim, Dietz, 1961), p. 166.

[25] W. Wachsmuth, *Geschichte Frankreichs im Revolutionalter*, v. 2 (Hamburgo, 1842), p. 341: "*Vom dem Jacobinern ging die Nachricht ein, dass die in Permanenz erklärt hatten*".

2. A expressão implica também a ideia de um avanço ininterrupto da revolução, da monarquia absoluta à monarquia constitucional, da República girondina à jacobina etc.

3. No contexto dos artigos de 1843-1844, ela sugere uma tendência da revolução política (em sua forma jacobina) de se tornar um fim em si mesma e de entrar em conflito com a sociedade civil/burguesa.

Por outro lado, a *ideia* de revolução permanente em sentido forte – a do marxismo revolucionário do século XX – aparece em Marx pela primeira vez em 1844, *a propósito da Alemanha*. No artigo "Contribuição à crítica da filosofia do direito de Hegel", ele constata a incapacidade da burguesia alemã em cumprir seu papel revolucionário: no momento em que começa a lutar contra a realeza e a nobreza, "o proletário já está engajado na luta contra a burguesia. Dificilmente a classe média ousa conceber, do seu ponto de vista, o pensamento de sua emancipação, e a evolução das condições sociais e o progresso da teoria política declaram esse ponto de vista ultrapassado, ou pelo menos problemático". Segue-se que na Alemanha "não é a revolução *radical*, a emancipação *universalmente humana* que é [...] um sonho utópico; é antes a revolução parcial, a revolução *puramente política*, a revolução que deixa subsistir os pilares da casa". Em outras palavras: "Na França, a emancipação parcial é o fundamento da emancipação universal. Na Alemanha, a emancipação universal é a *condição sine qua non* de qualquer emancipação parcial"[26]. É, portanto, em oposição ao modelo "puramente político", "parcial", da Revolução Francesa, que se esboça, em linguagem ainda filosófica, a ideia de que a revolução socialista terá, em certos países, de cumprir as tarefas históricas da revolução democrático-burguesa.

Foi somente em março de 1850, na mensagem à Liga dos Comunistas, que Marx e Engels fundiram a expressão francesa com a ideia alemã, a fórmula inspirada na Revolução de 1789-1794 com a perspectiva de um transcrescimento proletário da revolução democrática (alemã):

> Enquanto os pequeno-burgueses democráticos querem acabar com a revolução o mais rápido possível [...], é do nosso interesse e nosso dever tornar a revolução permanente até que todas as classes mais ou menos proprietárias tenham sido expulsas do poder, até que o proletariado tenha conquistado o

---

[26] Karl Marx, "Contribution à la critique de la philosophie du droit de Hegel" (1844), em François Furet, *Marx et la Révolution Française*, cit., p. 151-3.

A "POESIA DO PASSADO": MARX E A REVOLUÇÃO FRANCESA   117

poder estatal nos principais países do mundo e concentrado em suas mãos "as forças produtivas decisivas".[27]

É nesse documento que a expressão "revolução permanente" ganha pela primeira vez o sentido que terá a partir do século XX (notadamente em Trótski). Em seu novo significado, a fórmula guarda de sua origem e do contexto histórico da Revolução Francesa sobretudo o segundo aspecto mencionado: a ideia de uma progressão, de uma radicalização e de um aprofundamento ininterrupto da revolução. Pode-se encontrar aqui a vertente de confronto com a sociedade civil/burguesa. No entanto, ao contrário do modelo jacobino de 1793, esta já não é mais a obra terrorista (necessariamente fadada ao fracasso) da esfera política enquanto tal – que tenta em vão atentar contra a propriedade privada pela guilhotina –, mas vem *do interior da própria sociedade civil*, na forma da *revolução social* (proletária).

Qual é então o legado da Revolução Francesa para o marxismo do século XX? Como vimos, Marx acreditava que o proletariado socialista deveria se livrar do passado revolucionário do século XVIII. A tradição revolucionária aparece, em Marx, como um fenômeno essencialmente negativo:

> A tradição de todas as gerações passadas é como um pesadelo que comprime o cérebro dos vivos. E justamente quando parecem estar empenhados em transformar a si mesmos e as coisas, em criar algo nunca antes visto, exatamente nessas épocas de crise revolucionária, eles conjuram temerosamente a ajuda dos espíritos do passado, tomam emprestados os seus nomes, as suas palavras de ordem, o seu figurino [...]. As revoluções anteriores tiveram de recorrer a memórias históricas para se insensibilizar em relação ao seu próprio conteúdo. A revolução do século XIX precisa deixar que os mortos enterrem os seus mortos para chegar ao seu próprio conteúdo.[28]

Sem dúvida, essa observação está situada em um contexto preciso, o da polêmica de Marx contra a "caricatura da Montanha" dos anos 1848-1852. Ela apresenta, porém, uma mirada mais geral. Parece-me que Marx está ao mesmo tempo certo e errado...

---

[27] Karl Marx e Friedrich Engels, "Adresse de l'autorité centrale à la Ligue des Communistes" (março de 1850), em *Karl Marx devant les jurés de Cologne* (Paris, Cortes, 1939), p. 238.

[28] Karl Marx, "Le dix-huit brumaire de Louis Bonaparte" (1852), em François Furet, *Marx et la Révolution Française*, cit., p. 245-7 [ed. bras.: *Marx e a Revolução Francesa*, cit.]

Ele tem razão na medida em que os marxistas muitas vezes buscaram inspiração, durante o século XX, no paradigma da Revolução Francesa, com resultados bastante negativos. É o caso, antes de tudo, do marxismo russo, em suas duas grandes vertentes:

1. Plekhanov e os mencheviques – que acreditavam que a burguesia democrática russa desempenharia na luta contra o czarismo o mesmo papel revolucionário que a burguesia francesa exerceu (segundo Marx) na Revolução de 1789. A partir de então, a expressão "burguesia revolucionária" entrou no vocabulário dos marxistas e tornou-se um elemento-chave na elaboração de estratégias políticas – ignorando o alerta de Marx em relação à Alemanha (mas com implicações mais gerais): as classes burguesas que chegam tarde demais (isto é, que já estão ameaçadas pelo proletariado) não poderão ter uma prática revolucionária consequente. Graças ao stalinismo, o dogma da burguesia democrática/revolucionária (ou nacional) e a ideia de uma repetição – sob novas condições – do paradigma de 1789 foram componentes essenciais da ideologia do movimento comunista nos países coloniais, semicoloniais e dependentes, desde 1926, com consequências nefastas para as classes dominadas.

2. Lênin e os bolcheviques, que não tinham ilusões sobre a burguesia liberal russa, mas que haviam tomado, especialmente antes de 1905, o jacobinismo como modelo político. Isso resultou em uma concepção muitas vezes autoritária do partido, da revolução e do poder revolucionário... Rosa Luxemburgo e Leon Trótski criticaram – sobretudo entre os anos de 1903 e 1905 – esse paradigma jacobino, insistindo na diferença essencial entre o espírito, os métodos, as práticas e as formas de organização marxistas em relação às de Robespierre e seus amigos. Pode-se considerar *O Estado e a revolução** de Lênin como uma superação desse modelo jacobino.

Tratar Stálin e seus acólitos como herdeiros do jacobinismo seria muito injusto com os revolucionários de 1793, assim como comparar o Terror do Comitê de Salvação Pública com o da GPU dos anos 1930 é um absurdo histórico evidente. Em contrapartida, é possível identificar a presença de um elemento jacobino em um marxista tão perspicaz e inovador como Antonio Gramsci. Enquanto em seus artigos de 1919 para *L'Ordine Nuovo* ele proclamava que o partido proletário não deve ser "um partido que se serve das

---

*   *O Estado e a revolução: doutrina do marxismo sobre o Estado e as tarefas do proletariado na revolução* (trad. Paula Vaz de Almeida, São Paulo, Boitempo, 2017). (N. E.)

A "POESIA DO PASSADO": MARX E A REVOLUÇÃO FRANCESA 119

massas para tentar uma imitação heroica dos jacobinos franceses", em seus *Cadernos do cárcere**, dos anos 1930, encontramos uma visão bastante autoritária do partido de vanguarda, explicitamente apresentado como herdeiro legítimo da tradição de Maquiavel e dos jacobinos[29].

Em outro nível, porém, parece-me que Marx *errou* ao negar qualquer valor (para a luta socialista) à tradição revolucionária de 1789-1794. Seu próprio pensamento é um excelente exemplo disso: em seus escritos (e nos de Engels), a ideia de revolução como um movimento insurrecional das classes dominadas que derruba um Estado opressor e uma ordem social injusta foi em ampla medida inspirada por esta tradição... De modo mais geral, a grande Revolução Francesa faz parte da memória coletiva dos trabalhadores – na França, na Europa e em todo o mundo – e constitui uma das fontes vitais do pensamento socialista em todas as suas variantes (incluindo o comunismo e o anarquismo). Ao contrário do que Marx havia escrito em *O 18 de Brumário*, sem *"poesia do passado"* não há *sonho de futuro*.

De certa forma, o legado da Revolução Francesa permanece – ainda hoje – vivo, atual, *ativo*. Ele guarda alguma coisa de *inacabado*... Contém uma promessa ainda não cumprida. É o início de um processo que ainda não terminou. A melhor prova disso são as repetidas e insistentes tentativas de "acabar", de uma vez por todas, oficial e definitivamente, com a Revolução Francesa. Napoleão foi o primeiro a declarar, no 18 de Brumário, que a Revolução havia terminado. Outros se dedicaram, ao longo dos séculos, a esse tipo de exercício, hoje retomado com grande desenvoltura por François Furet. Ora, quem hoje teria a absurda ideia de declarar "acabada" a Revolução Inglesa de 1648? Ou a Revolução Americana de 1776? Ou a revolução de 1830? Se há tanta insistência na de 1789-1794, é precisamente porque ela está longe de estar "acabada" – isto é, porque continua a manifestar seus efeitos no campo político e na vida cultural, no imaginário social e nas lutas ideológicas (na França e em outros lugares).

---

* Ed. bras.: idem, *Cadernos do cárcere*, v. 1-3 (11. ed., trad. Luiz Sérgio Henriques, Marco Aurélio Nogueira e Carlos Nelson Coutinho, Rio de Janeiro, Civilização Brasileira, 2022). (N. E.)

[29] Antonio Gramsci, *L'Ordine Nuovo* (Turim, Einaudi, 1954), p. 139-40; idem, *Note sul Machiavelli, sulla Politica e sullo Stato Moderno* (Turim, Einaudi, 1955), p. 6, 8, 18 e 26 [ed. bras.: *Maquiavel: a política e o estado moderno*, trad. Luiz Mario Gazzaneo, 6. ed., Rio de Janeiro, Civilização Brasileira, 1988).

120 MARX, ESSE DESCONHECIDO

Quais são os aspectos mais dignos de interesse desse legado? Quais são os "espíritos do passado" (Marx) que merecem ser evocados duzentos anos depois? Quais são os elementos da tradição revolucionária de 1789-1794 que testemunham mais profundamente esse *inacabamento*? Poderíamos citar pelo menos quatro, dentre os mais importantes:

1. A Revolução Francesa foi um momento privilegiado na constituição do povo oprimido – a "massa inumerável" (Marx) dos explorados – como sujeito histórico, como ator de sua própria libertação. Nesse sentido, ela significou um passo gigantesco no que Ernst Bloch chama de *a marcha ereta da humanidade* – um processo histórico ainda longe de estar concluído... Claro que há precedentes em movimentos anteriores (a Guerra dos Camponeses do século XVI, a Revolução Inglesa do século XVII), mas nenhum alcança a clareza, a força política e moral, a vocação universal e a ousadia espiritual da Revolução de 1789-1794 – até então a mais "colossal" (Marx) de todas.

2. Durante a Revolução Francesa surgiram movimentos sociais cujas aspirações ultrapassaram os limites burgueses do processo iniciado em 1789. As principais forças desse movimento – os "braços nus", as mulheres republicanas, os *enragés*, os Iguais e seus porta-vozes (Jacques Roux, Leclerc etc.) – foram derrotadas, esmagadas, guilhotinadas. Sua memória – sistematicamente recalcada pela história oficial – faz parte da *tradição dos oprimidos* de que falava Walter Benjamin, a tradição dos ancestrais martirizados da qual se alimenta o combate de hoje. Os trabalhos de Daniel Guérin e de Maurice Dommanget – dois *outsiders* distantes da historiografia acadêmica – salvaram do esquecimento os "braços nus" e os *enragés*, enquanto pesquisas mais recentes vão descobrindo aos poucos toda a riqueza da "metade oculta" do povo revolucionário: as mulheres.

3. A Revolução Francesa deu origem às ideias de um "novo estado do mundo", às ideias comunistas (o "Círculo Social", Babeuf, Sylvain Maréchal, François Bossel etc.) e feministas (Olympe de Gouges, Théroigne de Méricourt). A explosão revolucionária liberou sonhos, imagens de desejo e reivindicações sociais radicais. Também nesse sentido, ela é portadora de um futuro que permanece aberto e inacabado.

4. Os ideais da Revolução Francesa – liberdade, igualdade, fraternidade, direitos humanos (em particular em sua versão de 1793), a soberania do povo – contêm um *excedente utópico* (Ernst Bloch) que transborda o uso deles feito pela burguesia. *Sua realização efetiva requer a abolição da ordem burguesa.*

A "POESIA DO PASSADO": MARX E A REVOLUÇÃO FRANCESA 121

Como Ernst Bloch aponta com força visionária, "liberdade, igualdade e fraternidade também fazem parte dos compromissos que não foram honrados, portanto ainda não estão liquidados, extintos". Eles têm em si "essa promessa e esse conteúdo utópico concreto de uma promessa" que será realizada apenas pela revolução socialista e pela sociedade sem classes. Em poucas palavras: "Liberdade, igualdade, fraternidade – a ortopedia, tal como tem sido tentada, do andar ereto, do orgulho humano – vai muito além do horizonte burguês"[30].

Conclusão e moral da História (com H maiúsculo): a Revolução Francesa de 1789-1794 foi apenas o começo. A luta continua...

---

[30] Ernst Bloch, *Droit naturel et dignité humaine* (Paris, Payot, 1976), p. 178-9.

MARX, ENGELS E A REVOLUÇÃO PERMANENTE:

ALEMANHA (1844-1850) E RÚSSIA (1881-1882)

Como Marx e Engels concebiam a revolução em países atrasados, semifeudais ou absolutistas? Eles acreditavam na repetição inevitável das grandes revoluções burguesas do passado (Inglaterra no século XVII, França no século XVIII)? Ou previram a possibilidade de um desenvolvimento ininterrupto da revolução democrática em direção a uma revolução proletária? Essas perguntas não encontram uma resposta inequívoca em seus escritos, nos quais se pode observar aspectos contraditórios, que expressam as contradições da própria realidade social, assim como o caráter transitório de cada período. Em uma série de textos, é possível encontrar uma doutrina claramente "etapista", segundo a qual a revolução burguesa e/ou o capitalismo industrial seria condição histórica necessária para uma futura intervenção revolucionária socialista. Essa tese é por vezes justificada em termos estritamente econômicos: nenhuma ordem social desaparece antes que sejam desenvolvidas todas as forças produtivas que ela comporta. Mas às vezes ela é também sustentada em termos mais sociopolíticos: o triunfo da revolução burguesa é a precondição para a ascensão da luta proletária contra a burguesia.

Pode-se encontrar igualmente nos escritos de Marx e Engels a *ideia* de revolução permanente: ou seja, a hipótese de um processo revolucionário ininterrupto, definido por um transcrescimento da revolução democrática em socialista, mesmo em países periféricos e semifeudais da Europa. Trata-se, de fato, de uma *ideia* e não de uma *teoria*, na medida em que não há, em Marx e Engels, uma elaboração sistemática dessa hipótese. Em vez disso, o que se encontra é uma série de visões fragmentárias, às vezes proféticas, que aparecem e desaparecem em seus escritos de modo intermitente, não estando ordenadas em uma doutrina rigorosa ou uma estratégia abrangente. Sua importância é sobretudo metodológica: elas mostram que Marx e Engels admitiam a *possibilidade objetiva* de uma ruptura na sucessão das tarefas históricas, que essas tarefas – democráticas, antiabsolutistas, agrárias, socialistas – envolvem uma articulação complexa, dialética, e que o materialismo histórico não pode ser reduzido a um evolucionismo unilinear, economicista ou metafísico. Esses textos sugerem, portanto, ainda que de maneira pouco desenvolvida, uma perspectiva *aberta*, que reconhece uma multiplicidade de formas de transformação histórica e, sobretudo, a possibilidade de que as revoluções sociais modernas comecem na *periferia* do sistema capitalista, e não, como pode ser encontrado em alguns de seus escritos, no centro (Inglaterra!). Trata-se de uma *démarche* teórica, política e estratégica que antecipa, de modo surpreendente, os movimentos revolucionários do século XX.

Lutas de classes e insurreições na Alemanha (1844-1850)

Pode-se considerar o artigo de Marx nos *Annales Franco-Allemandes* [Anais Franco-Alemães] "Contribuição à crítica da filosofia do direito de Hegel: introdução"*, publicado em 1844, como um de seus primeiros escritos em que encontramos a intuição de uma revolução social em um país "atrasado" (Alemanha). Segundo Marx, a burguesia alemã, "no momento preciso em que se engaja na luta contra a classe superior, permanece envolvida na luta contra a classe inferior". Ela é, portanto, incapaz de desempenhar um papel revolucionário, como na França em 1789. Somente o proletariado, classe universal que não tem nenhum privilégio a defender, pode emancipar a Alemanha; mas essa será uma emancipação universal – isto é, o comunismo – e não uma mera emancipação parcial, ou seja, a mudança de regime político.

Essa intuição radical permanece, porém, limitada pela abordagem ainda "neo-hegeliana de esquerda" – quer dizer, idealista -- do jovem Marx: segundo ele, a revolução começa "na cabeça do filósofo", para em seguida "apoderar-se das massas", que constituem "o elemento passivo, a base material"

---

* *Contribuição à crítica da filosofia do direito de Hegel: introdução* (trad. Rubens Enderle e Leonardo de Deus, São Paulo, Expressão Popular, 2019). (N. E.)

da revolução. A teoria crítica é a "força ativa", ela cai como um "lampejo" no "terreno popular ingênuo"[1].

De fato, é em dois outros escritos sobre a Alemanha que se pode encontrar uma reflexão mais sistemática e mais "materialista" de Marx (e Engels) sobre a possibilidade de uma revolução social nesse país, à época pouco industrializado e absolutista: o artigo no *Vorwärts!* sobre a revolta dos tecelões da Silésia em 1844 e a Mensagem à Liga dos Comunistas, de março de 1850. Esses dois documentos pertencem à categoria de escritos "esquecidos", se não "malditos", de Karl Marx e Friedrich Engels. Eles não são encontrados nas coleções "clássicas" de seus escritos pelas Éditions Sociales e não fazem parte do "cânone" marxista oficial do movimento operário socialista ou comunista. E, no entanto, são documentos de grande significado filosófico e político, apesar de seu otimismo excessivo e dos erros evidentes na avaliação da situação. Eles dizem respeito ao presente e ao futuro da revolução na Alemanha, mas seu significado vai muito além da conjuntura histórica em que foram gestados.

O ensaio "Glosas críticas marginais ao artigo 'O rei da Prússia e a reforma social de um prussiano'"* é um comentário polêmico sobre um texto publicado em julho de 1844 pelo pensador neo-hegeliano, de tendência democrática/republicana, Arnold Ruge – sob o pseudônimo "um prussiano" –, no *Vorwärts!*, periódico de esquerda publicado em Paris por exilados alemães. As notas marginais de Marx apareceram na mesma publicação em agosto de 1844. Sob um título pouco atrativo – *Randglossen* –, se esconde um texto extremamente importante dos pontos de vista teórico e político, em geral ignorado pela literatura sobre o jovem Marx.

O tema do confronto entre Marx e Ruge é o levante dos tecelões da Silésia – província oriental da Prússia – em junho de 1844: a primeira revolta operária da história moderna da Alemanha, esmagada pela intervenção do exército prussiano. Em homenagem aos insurgentes, o poeta judeu-alemão exilado em Paris Heinrich Heine – grande amigo de Marx –, publicou, também no *Vorwärts!*,

---

[1] Karl Marx, "Contribution à la critique de la philosophie du droit de Hegel", em idem, *Œuvres philosophiques*, v. 1 (Paris, Costes, 1948), p. 107-8. Ver Karl Marx e Friedrich Engels, *Werke*, v. I (Berlim, Dietz, 1960), p. 389-90 [ed. bras.: *Contribuição à crítica da filosofia do direito de Hegel*, cit.].

* "Glosas críticas marginais ao artigo 'O rei da Prússia e a reforma social' de um prussiano", em idem, *Crítica da filosofia do direito de Hegel* (trad. Rubens Enderle, São Paulo, Boitempo, 2015). (N. E.)

um de seus mais famosos poemas políticos, "Os pobres tecelões", em que apresenta esses trabalhadores rebeldes como a força que tecerá o véu da morte da velha Alemanha monárquica e reacionária. Aos olhos de Marx – mas também de vários de seus amigos, como mostra sua correspondência da época –, esse acontecimento confirmava, de modo surpreendente, sua previsão, de alguns meses antes – no já citado artigo sobre a filosofia do direito de Hegel, publicado no início de 1844 no *Deutsch-franzözische Jahrbücher* –, sobre o proletariado como a única classe verdadeiramente revolucionária na Alemanha.

Contra Ruge, fiel à teoria hegeliana do Estado, que via o levante como um assunto puramente social, fadado ao fracasso pela ausência de uma "alma política" (isto é, estatal), Marx insiste na superioridade da revolução social sobre a revolução puramente política, quer dizer, destinada apenas a mudar a forma do Estado: enquanto a revolta social, mesmo local, carrega uma "alma universal", a revolta política possui necessariamente "um espírito mesquinho", confinada nos limites do estatismo. A seus olhos, a ousadia dos tecelões da Silésia contrastava fortemente com a "passividade" da burguesia alemã. O artigo é também uma análise da dinâmica da luta de classes na Alemanha que será confirmada, pelo menos em parte, pelos acontecimentos de 1848: energia revolucionária das massas populares, tergiversações e, por fim, capitulação da burguesia liberal. Esse texto, ao afirmar que é a revolução social (proletária) – e não a revolução política (burguesa) – que estava na ordem do dia na Alemanha, anuncia igualmente alguns dos temas da teoria da revolução permanente.

Segundo Marx, o levante da Silésia de junho de 1844 foi dirigido não apenas contra as máquinas – como as revoltas ludistas na Inglaterra –, mas diretamente contra o poder dos patrões e banqueiros, bem como contra a propriedade privada burguesa. Se o acontecimento confirma a hipótese do artigo dos *Annales Franco-Allemandes* a respeito da vocação revolucionária do proletariado alemão, ele o obriga, em outros aspectos, a mudar de perspectiva. O brilhante ensaio de 1844 sobre a crítica da filosofia do direito de Hegel ainda era, como vimos, prisioneiro de uma problemática neo-hegeliana: o proletariado era visto, por suas necessidades e seus sofrimentos, apenas como a "base material", como o "elemento passivo" da revolução.

Agora, graças ao levante dos tecelões, Marx descobre "as excelentes disposições do proletariado alemão para o socialismo", para além da intervenção de filósofos. E, sobretudo, vê agora no proletariado o *elemento ativo* (*das tätige Element*) da emancipação: "É somente no socialismo que um povo filosófico pode encontrar sua prática (práxis) adequada; e é, portanto, somente no proletariado que ele pode encontrar o elemento ativo de sua emancipação"[2].

Nessa única frase encontramos três novos temas em relação ao artigo dos *Annales Franco-Allemandes*: 1. o povo e a filosofia não são mais representados como dois termos separados, o segundo "penetrando" o primeiro; a expressão "povo filosófico" traduz a superação dessa oposição; 2. o socialismo não é mais apresentado como uma teoria pura, uma ideia "nascida na cabeça do filósofo", e sim como uma práxis; 3. o proletariado se torna, claramente, o elemento ativo (e não "passivo") da emancipação.

Esses três elementos já constituem os primeiros marcos da teoria da autoemancipação do proletariado: eles conduzem à categoria de práxis revolucionária das *Teses sobre Feuerbach* (1845). A crítica explícita ao neo-hegelianismo e às ideias de Feuerbach – espírito ativo *versus* matéria passiva – será formulada nas *Teses* e em *A ideologia alemã* (1846), mas os *Randglossen* de agosto de 1844 já representam uma ruptura implícita. Partindo da revolta dos tecelões, importante acontecimento histórico, Marx questiona, na polêmica com Ruge, não apenas a filosofia do Estado de Hegel, assim como a concepção "política" – estatal – da revolução, mas toda a visão neo-hegeliana da relação entre a filosofia e o mundo, a teoria e a prática. O caminho estava aberto para a filosofia da práxis. Pode-se argumentar que Marx exagerava, nesse artigo, a consciência socialista do proletariado alemão, manifestada na revolta da Silésia de junho de 1844. Sua esperança otimista no desenvolvimento de uma revolução social na Alemanha não se concretizou em 1848-1849. Mas o valor da problemática político-filosófica do texto ultrapassa os limites da conjuntura histórica.

O mesmo se pode dizer da "Mensagem do Comitê Central à Liga dos Comunistas" de março de 1850, enviada pelos dirigentes exilados da organização aos militantes que haviam permanecido na Alemanha. Refugiados em Londres, Marx e Engels acompanharam de perto as últimas batalhas da revolução iniciada em março de 1848. Essa modesta circular interna é um dos documentos políticos mais importantes escritos pelos dois autores do *Manifesto Comunista**. Apesar de baseada em uma apreciação perfeitamente

---

[2]   Karl Marx, *Œuvres philosophiques*, cit., v. V, p. 244; ver Karl Marx e Friedrich Engels, *Werke*, cit., p. 406-7.

*   *Manifesto Comunista* (trad. Álvaro Pina e Ivana Jinkings, São Paulo, Boitempo, 1998). (N. E.)

128 MARX, ESSE DESCONHECIDO

ilusória e errônea da situação na Alemanha, onde a contrarrevolução já havia vencido a batalha, ela prenuncia as principais revoluções do século XX. De fato, esse documento contém a formulação mais explícita e coerente, na obra de Marx e Engels, da ideia de *revolução permanente*, quer dizer, a intuição da possibilidade objetiva, em um país "atrasado" e "semifeudal" como a Alemanha de então, de uma articulação dialética das tarefas históricas da revolução democrática e da revolução proletária em um único processo histórico ininterrupto. Essa hipótese já aparecera, sob uma forma filosófica abstrata, no artigo sobre Hegel nos *Annales Franco-Allemandes*, bem como, implicitamente, no ensaio sobre os tecelões da Silésia. É igualmente verdade, por outro lado, a existência, nos anos 1848-1849, de escritos de Marx e Engels que apresentam o estabelecimento de uma república democrática burguesa como uma etapa histórica distinta, anterior à luta pelo socialismo. A tensão não resolvida entre revolução "permanente" ou "por etapas" atravessa os escritos de dois pensadores.

A "Mensagem" de março de 1850 situa-se resolutamente em uma perspectiva de revolução ininterrupta. Assimilando a capitulação da burguesia liberal face ao absolutismo, ela propõe aos comunistas alemães uma aliança tática do proletariado com as forças democráticas da pequena-burguesia contra a coalizão reacionária da monarquia com os latifundiários e a grande burguesia. No entanto, essa aliança é concebida como um momento transitório em um processo revolucionário "permanente", até a abolição da propriedade burguesa e o estabelecimento de uma nova sociedade, uma sociedade sem classes — não apenas na Alemanha, mas em escala internacional. Para isso, seria necessário que os operários formassem os próprios clubes, seus comitês, seus governos revolucionários locais e sua guarda proletária armada.

Há aqui um flagrante paradoxo: por mais que o processo revolucionário deva se basear, segundo a "Mensagem", em "autonomias administrativas locais", sob hegemonia proletária, o objetivo da revolução é "uma república unida e indivisível", fundada na "mais absoluta centralização do poder nas mãos do Estado"! Estamos aqui longe das concepções antiestatistas do jovem Marx (1843-1844), tão bem estudadas por Miguel Abensour...[3]

---

[3] Miguel Abensour, *La Démocratie contre l'État* (Paris, PUF, 1997) [ed. bras.: *A democracia contra o Estado*, trad. Cleonice Paes Barreto Mourão, Consuelo Fortes Santiago e Eunice Dutra Galéry, Belo Horizonte, Ed. UFMG, 1998].

*O 18 de Brumário** (1852) será uma primeira retificação desse estatismo, mas são sobretudo os escritos sobre a Comuna de Paris que retomarão o fio condutor da abordagem libertária do jovem Marx.

Seja como for, as propostas da "Mensagem" de março de 1850 não correspondiam de maneira alguma à situação real na Alemanha. O erro de avaliação de Marx e Engels era evidente, e eles próprios o perceberão alguns meses depois; entretanto, há uma semelhança espantosa com o que acontecerá, em um contexto histórico obviamente diferente, na Rússia em 1917: conselhos operários, guarda armada proletária, duplo poder, revolução permanente até a abolição da propriedade capitalista.

A "Mensagem do Comitê Central à Liga dos Comunistas" – documento interno da Liga – foi publicado pela primeira vez por Friedrich Engels como apêndice do livro de Marx, *Enthüllungen über den Kommunisten-Prozess zu Köln***, editado na Suíça em 1885. Previsivelmente, suscitou duras críticas da ala direita da social-democracia alemã. Eduard Bernstein, em seu livro "revisionista" *Os pressupostos do socialismo*, considera que o método dialético é responsável pelos graves equívocos desse texto[4]. A seu ver, a ideia de transformar uma futura explosão revolucionária na Alemanha em uma "revolução permanente" era produto da dialética hegeliana – um método "tanto mais perigoso porque nunca é completamente falso" –, que permite "passar abruptamente da análise econômica à violência política", já que "cada coisa carrega em si o seu contrário".

A polêmica de Bernstein, que se afirma baseada no "método empírico", atesta sua obstinada recusa da dialética. É graças a ela, porém, que Marx e Engels ultrapassam, nesse documento, o dualismo rígido e estático entre a evolução econômica e a ação política, ou entre a revolução democrática e a revolução socialista. É a compreensão dialética da unidade contraditória desses diferentes momentos e da possibilidade de saltos qualitativos no processo histórico – as "passagens repentinas", das quais reclama Bernstein –

---

* *O 18 de Brumário de Luís Bonaparte* (trad. Nélio Schneider, São Paulo, Boitempo, 2011). (N. E.)

** Karl Marx, *Enthüllungen über den Kommunisten-Prozess zu Köln*, ([s. l.], e-artnow, 2018). (N. E.)

4 Eduard Bernstein, *Les Présupposés du socialisme et les tâches de la social-démocratie* (1899) (Paris, Seuil, 1974) [ed. port..: *Os pressupostos do socialismo e as tarefas da social-democracia*, trad. Álvaro de Figueiredo e Maria Cecília Colaço, Lisboa, Dom Quixote, 1976].

130 MARX, ESSE DESCONHECIDO

que lhes permitiu esboçar, quase um século antes de Trótski, a ideia de revolução permanente.

O interesse da "Mensagem" de março de 1850, escrita no calor do momento, reside no fato de que, apesar do evidente equívoco "empírico" na análise da relação de forças na Alemanha, ela conseguiu captar um aspecto essencial das revoluções do século XX, notadamente na Rússia (1917-1918) ou em Cuba (1959-1961): a fusão explosiva entre a revolução democrática e a revolução socialista, em um processo ininterrupto, "*permanente*", em países "atrasados", da periferia do sistema capitalista. Esse documento contém, implicitamente, um questionamento da ideologia do progresso linear, bem como do economicismo determinista, segundo os quais uma revolução socialista só seria possível nos países industrializados, onde o "desenvolvimento das forças produtivas" tivesse atingido um nível suficiente.

É curioso que, quando formula pela primeira vez – na brochura *Balanço e perspectivas* (1906) – sua teoria da revolução permanente, Leon Trótski parece não conhecer a "Mensagem" de março de 1850, que nunca menciona; sua fonte terminológica é um artigo sobre a Rússia publicado em 1905 pelo biógrafo socialista alemão de Marx, Franz Mehring, na qual aparece a expressão "revolução permanente"; Mehring sem dúvida conhecia o documento de março de 1850, mas também não o cita em seu artigo.

A comuna rural russa (1881)

O termo "revolução permanente" não aparece nos escritos de Marx ou Engels sobre a Rússia, mas neles é esboçada a ideia de uma via russa para o socialismo, a partir da comuna rural tradicional. Essa perspectiva é sugerida nesses documentos excepcionais que são a carta de Marx a Vera Zasulich e seus rascunhos preparatórios. Eles foram escritos ao mesmo tempo (1881) em que Marx tomava nota do livro de Lewis Morgan sobre o "comunismo primitivo". Mas aqui não se trata mais de uma referência antropológica ao passado ou a povos distantes, mas à atualidade política mais ardente: o papel da comunidade rural russa "arcaica" existente em uma possível revolução na Rússia! É preciso também levar em conta a leitura atenta de Marx, em seus últimos anos, de obras de inspiração "populista" (*Narodniki*) sobre a história da Rússia e, em particular, sobre a comuna camponesa: Nikolai Chernichevsky, M. M.

Kovalevsky, P. P. Semenov e, especialmente, Nikolai Danielson, com quem manteve longa correspondência. Finalmente, nesses últimos anos de vida, ele expressou em várias ocasiões sua simpatia e sua admiração pela Narodnaia Volia [A Vontade do Povo], uma organização "populista" que levava adiante, por meio de atentados, a luta contra o czarismo. Marx chegou a conhecer, em Londres, em 1880, Nikolai Morozov, um dos teóricos dessa tática "terrorista" dos revolucionários russos.

Vera Zasulich foi uma jovem lutadora do Narodnaia Volia que, em 1878, havia tentado executar o governador militar de São Petersburgo. Exilada em Genebra, fazia parte, com V. Plekhanov e P. Axelrod, de um grupo de revolucionários russos dissidentes, oriundos do populismo. Juntos, eles formarão uma organização chamada Partage Noir, interessada pelas ideias de Marx. Em breve estariam entre os fundadores do Partido Operário Social-Democrata da Rússia e, um pouco mais tarde, de sua ala menchevique. Foi em fevereiro de 1881 que Vera Zasulich escreveu uma carta a Marx – em francês – demandando-lhe sua opinião sobre o futuro da comuna rural russa tradicional, objeto de polêmicas acirradas entre os revolucionários russos. Ela explica em sua missiva que os "marxistas" russos, referindo-se ao capítulo sobre a acumulação primitiva de *O capital**, consideram a comuna rural uma formação arcaica condenada a perecer. E pergunta ao "honrado cidadão" Marx se ele subscreveria "a teoria da necessidade histórica de todos os países do mundo passarem por todas as fases da produção capitalista".

Marx responderá a ela em março de 1881 com uma breve carta – em francês, como a de sua interlocutora – que insiste no fato de que as análises de *O capital* só se aplicam à Europa ocidental – argumento que já havia desenvolvido em resposta às críticas do sociólogo populista russo N. Mikhailovski de 1877 –, e que, portanto, não se pode descartar a hipótese de que a comuna russa poderia vir a se tornar o ponto de partida da "regeneração social" da Rússia – expressão que remete, na verdade, ao socialismo.

Os rascunhos preparatórios da carta são muito mais ricos e explícitos: Marx começa rejeitando os argumentos de seus supostos discípulos russos ("Os 'marxistas' russos dos quais você fala são perfeitamente desconhecidos para mim. Os russos com quem tenho relações pessoais mantêm, até onde eu

---

* *O capital: crítica da economia política*, Livro I: *O processo de produção do capital*, trad. Rubens Enderle, São Paulo, Boitempo, 2013. (N. E.)

sei, visões completamente opostas"). Entre esses russos estão, como sabemos, o filósofo Piotr Lavrov e o economista Nikolai Danielson, ambos próximos aos populistas. Como eles, Marx observa uma situação excepcional na Rússia: "A Rússia é o único país europeu onde a 'comuna agrícola' permaneceu em escala nacional até hoje. Ela não é a presa de uma conquista estrangeira, como no caso das Índias Orientais. Também não vive isolada do mundo moderno".

> Em outras palavras, a comuna rural russa ocupa uma posição única, sem prece-
> dentes na história. Sozinha na Europa, ela ainda é a forma orgânica predominante
> da vida rural de um imenso Império. A propriedade comum do solo lhe oferece
> a base natural da apropriação coletiva [...]. Ela pode, portanto, incorporar todas
> as conquistas positivas desenvolvidas pelo sistema capitalista sem passar por seus
> garfos de caudinas.

Isso corresponde, acrescenta ele, à possibilidade, graças à crise do capitalismo, do "retorno da sociedade moderna a uma forma superior do tipo mais arcaico – a produção e a apropriação coletiva", frase que é quase uma citação de Lewis Morgan. Sem dúvida, para isso seria necessária uma revolução russa, o único meio de derrubar os inimigos da comuna camponesa.

Uma variante dessa proposição pode ser encontrada, como sabemos, no prefácio de Marx e Engels – escrito a pedido do teórico populista Piotr Lavrov –, de janeiro de 1882, à tradução russa do *Manifesto Comunista*: "Se a revolução russa constituir-se no sinal para a revolução proletária no ocidente, de modo que uma complemente a outra, a atual propriedade comum da terra na Rússia poderá servir de ponto de partida para uma evolução comunista"*. A carta – e principalmente os rascunhos – desenvolve essa hipótese de maneira fundamentada.

A importância desse documento – verdadeiro "testamento político" de Marx, na avaliação de Maximilien Rubel – é considerável. Rejeitando as visões eurocentradas de seus supostos partidários russos – convencidos de que era preciso esperar que o capitalismo se desenvolvesse na Rússia, de acordo com o modelo ocidental –, bem como as concepções evolutivas e lineares do "progresso" histórico, Marx se interessa por uma forma "arcaica" – "não é necessário se assustar muito com a palavra 'arcaico'", escreveu em um dos rascunhos –, da qual o socialismo do futuro representaria uma manifestação superior, capaz de integrar as conquistas da modernidade. Encontramos aqui

---

* *Manifesto Comunista*, cit., p. 73. (N. E.)

uma dialética, de inspiração romântica, entre o passado e o futuro – igualmente presente nos historiadores e antropólogos a que Marx se refere, como Maurer ou Morgan –, e uma concepção da história perfeitamente herética em relação ao "marxismo vulgar". Uma concepção que reconhecia a hipótese de uma transição para o socialismo em um país "atrasado", na periferia do capitalismo, a partir das tradições comunitárias camponesas. Trata-se de uma verdadeira inflexão metodológica, política e estratégica, em comparação com alguns de seus escritos anteriores, que pareciam considerar apenas os países capitalistas industriais mais avançados (Inglaterra) como capazes de uma revolução coletivista.

É verdade que a forma assumida pela Revolução de Outubro não corresponde a essa perspectiva, que privilegia a comuna rural. Não obstante isso, segundo Voline, em sua história da Revolução Russa, os sovietes de camponeses – mas também os de operários e de soldados, em sua maioria ex-camponeses – deitavam suas raízes nas assembleias comunitárias rurais. Em todo o caso, para além das considerações específicas sobre a Rússia, tratava-se de uma hipótese que antecipou, de modo surpreendente, os movimentos revolucionários do século XX, todos originários de países "periféricos", com papel decisivo do campesinato.

A história da descoberta e da publicação desses documentos é também bastante extraordinária. Após encontrar os rascunhos da carta de Marx nos papéis de Lafargue, em 1911, David Riazanov contatou Vera Zasulich, V. Plekhanov e P. Axelrod, lhes perguntando se haviam recebido essa carta; todos os três responderam negativamente e afirmaram não se lembrar da correspondência. No entanto, em 1923, o historiador russo Nikolaievski descobrirá a carta – que logo publicará – nos papéis de P. Axelrod; finalmente, em 1924, será a vez de Riazanov publicar os rascunhos, dos quais estava em posse havia quinze anos. Em sua opinião, a brevidade da carta, em comparação com a riqueza dos rascunhos, é explicada pelo mau estado de saúde de Marx, que não teria lhe permitido dar uma resposta mais substancial à sua correspondente em Genebra.

Como explicar a surpreendente omissão dos três eminentes teóricos mencheviques? Provavelmente pela impossibilidade de admitirem que Marx poderia ter escrito um documento tão pouco "marxista" – à luz de suas concepções do "materialismo histórico". Bernstein, por sua vez, tentou explicar a posição de Marx em favor da comuna russa pelo desejo dele e de Engels "de se absterem de manifestar seu ceticismo, a fim de não decepcionar os revolucionários russos, que, como eles sabiam, atribuíam grande importância à questão da propriedade comunal". Seria, portanto, por astúcia, para não "desencorajar São Petersburgo", que Marx teria esboçado toda essa análise histórica da comuna rural e de seu futuro socialista!

Essa correspondência em língua francesa só será publicada na França vinte anos depois, graças a um artigo de Maximilien Rubel no número 11 da revista *Socialiste*, de maio de 1947. Ele republicará o conjunto da documentação em sua edição de Marx para a Pléiade (1968). No entanto, com exceção de Rubel, o documento não despertou muito interesse entre os marxistas franceses...

Entre os autores marxistas do século XX mais próximos da problemática do Marx de 1881 podemos mencionar o peruano José Carlos Mariátegui (1894-1930), pioneiro do marxismo na América Latina. Mariátegui partiu de uma análise das comunidades rurais indígenas – cujas origens podem ser encontradas no "comunismo inca" – para propor um socialismo indo-americano moderno enraizado nas tradições coletivistas camponesas. Ele foi chamado de "romântico" e "populista" por seus críticos soviéticos... Mariátegui, que não lia alemão, não teve acesso aos documentos de Marx sobre a *obchtchina*.

KARL MARX, FRIEDRICH ENGELS E AS REVOLUÇÕES DE 1848

No *Manifesto Comunista*, Marx e Engels previram a iminência de uma revolução na Alemanha; eles apresentavam uma tática e uma estratégia para essa luta que se aproximava: "É sobretudo para a Alemanha que se volta a atenção dos comunistas, porque a Alemanha se encontra às vésperas de uma revolução burguesa e porque realizará essa revolução nas condições mais avançadas da civilização europeia [...]", de modo que "a revolução burguesa alemã só poderá ser, portanto, o prelúdio imediato de uma revolução proletária"[1].

Veremos que eles tentarão colocar em prática essa orientação...

Quando a Revolução de março de 1848 estourou na Alemanha, Marx e Engels deixaram a Bélgica e se estabeleceram em Colônia, onde se juntaram à Associação Democrática. É nessa cidade que vão publicar, durante mais de um ano, o jornal deles, a *Nouvelle Gazette Rhénane* – em homenagem à *Gazette Rhénane* de que Marx tinha sido redator em 1842-1843 –, que pretendia ser "o órgão da democracia" no movimento revolucionário em curso. Os artigos de Marx de 1848 mostram que ele queria contribuir para uma aliança de forças progressistas, do movimento operário à oposição burguesa à monarquia prussiana, representada pela Assembleia de Frankfurt. Mas em setembro daquele ano, Friedrich Engels foi forçado a constatar a lamentável capitulação desse Parlamento ao poder absolutista, e, em dezembro, Marx publicou um artigo intitulado "A burguesia e a contrarrevolução", que tira a seguinte conclusão dos eventos desse ano decisivo: "Uma revolução puramente burguesa

---

[1] Karl Marx e Friedrich Engels, *Manifeste du parti communiste* (Paris, Flammarion, 1998), p. 118 [ed. bras.: *Manifesto Comunista*, trad. Álvaro Pina e Ivana Jinkings, São Paulo, Boitempo, 1998, p. 69].

136 MARX, ESSE DESCONHECIDO

[...] é impossível na Alemanha. O que é possível é uma contrarrevolução feudal e absolutista ou uma revolução social-republicana".

Quais seriam as forças motrizes dessa revolução? Em um artigo de fevereiro de 1849, ele dá uma primeira resposta: "as classes mais radicais e democráticas da sociedade", isto é, os operários, os camponeses e a pequena-burguesia[2]. Em abril de 1849, Marx renunciou à Associação Democrática e dedicou seus esforços à construção da Associação Operária de Colônia. Pouco depois, em maio, saiu o último número da *Nouvelle Gazette Rhénane*: a revolução foi derrotada e os dois jovens revolucionários foram forçados ao exílio na Inglaterra. É em Londres que editarão uma publicação mensal que pretendia ser a continuação de seu jornal de Colônia: a *Neue Rheinische Zeitung* – revista que terá apenas seis números ao longo de 1850.

Durante esses dois anos, Marx e Engels acompanharam de perto o levante republicano na França e escreveram vários artigos na *Nouvelle Gazette Rhénane* sobre os combates ocorridos em Paris, em particular em junho de 1848. Marx retornará aos eventos revolucionários franceses em uma série de artigos escritos para sua revista londrina – artigos que serão reunidos sob o título *As lutas de classe na França de 1848 a 1850**, por Friedrich Engels, após sua morte, em 1895. São três artigos que se referem ao período de fevereiro de 1848 a março de 1850, seguidos de um quarto composto de extratos (escolhidos por Engels) de um manuscrito sobre a evolução econômica e política da França até meados de 1850.

Não se trata de jornalismo, mas de uma espécie de *história do presente*, engajada e polêmica, que pretende ir além da superfície do jogo político e parlamentar a fim de explicar a sequência dos acontecimentos na França – país-chave da revolução europeia, aos olhos de Marx – pelo implacável conflito entre classes dominantes e dominadas. Com cáustica ironia, Marx destaca os interesses de classe que se escondem por trás dos diferentes regimes, governos ou partidos políticos, desmascarando no mesmo passo os discursos líricos e as fórmulas ocas dos ideólogos. Já nos primeiros parágrafos, encontramos esta definição sarcástica da Monarquia de Julho:

---

[2] Idem, *Werke*, v. VI (Berlim, Dietz, 1961), p. 124 e 217.

* Karl Marx, *Les Luttes de classes en France: 1848-1850* (Paris, Éditions Sociales, 1948) [ed. bras.: *As lutas de classe na França de 1848 a 1850*, trad. Nélio Schneider, São Paulo, Boitempo, 2012]. (N. E.)

Quem reinou sob Luís Filipe não foi a burguesia francesa, mas uma fração dela: os banqueiros, os reis da bolsa, os reis das ferrovias, os donos das minas de carvão e de ferro e os donos de florestas em conluio com uma parte da aristocracia proprietária de terras, a assim chamada aristocracia financeira. Ela ocupou o trono, ditou as leis nas câmaras, distribuiu os cargos públicos desde o ministério até a agência do tabaco.

Já o governo provisório instituído após a Revolução de Fevereiro de 1848, de quem se esperava, segundo seu porta-voz político-literário Lamartine, que viesse a "suspender este terrível mal-entendido que existe entre as diferentes classes", faria da República "uma nova roupagem de baile para a velha sociedade burguesa" e acabará por esmagar com sangue a revolta operária de junho. E o partido da Montanha, de Ledru-Rollin e seus amigos, representantes da pequena-burguesia democrática? "Sua energia revolucionária se limitava a invectivas parlamentares, pedidos de impeachment, ameaças, elevações do tom de voz, discursos tonitruantes e medidas assim extremas que não iam além da fraseologia". Em contraste, o proletariado revolucionário, que se reconhece no *comunismo* – "para o qual a própria burguesia inventou o nome de Blanqui" – aspira à "*declaração permanente da revolução*" até a supressão das diferenças de classe em geral e das relações de produção em que se baseiam[3].

Em sua introdução, Engels observa com razão que "esta obra [...] foi a primeira tentativa feita por Marx de explicar, com a ajuda de sua concepção materialista, uma quadra da história contemporânea a partir da situação econômica dada". Marx conseguiu assim "restringir a derivar os conflitos políticos de embates de interesses das classes sociais e frações de classes resultantes do desenvolvimento econômico, as quais podem ser encontradas na realidade, e a provar que os partidos políticos individuais são a expressão política mais ou menos adequada dessas mesmas classes e frações de classes". No entanto, curiosamente, Engels parece considerar insuficiente esse tipo de análise, pois Marx não teria conseguido – por falta de informações, principalmente estatísticas, sobre a época contemporânea – "acompanhar o dia a dia da marcha da indústria e do comércio no mercado mundial"; estava, portanto, "obrigado a considerar esse fator, o mais decisivo, como constante,

---

3   Karl Marx, *Les Luttes de classes en France*, cit., p. 39-40, 49, 89 e 115 [ed. bras.: *As lutas de classe na França de 1848 a 1850*, trad. Nélio Schneider, São Paulo, Boitempo, 2012, p. 37, 49, 103 e 142].

138 MARX, ESSE DESCONHECIDO

a tratar a situação econômica que se encontra no início do período estudado como dada e invariável"[4].

Ora, parece-nos, ao contrário, que uma das grandes virtudes desse texto é a de enfatizar a *dinâmica específica da luta de classes* e seu desdobramento no campo político, evitando reduzir esse enfrentamento socioeconômico e político a mecanismos econômicos. A história não é feita pelas forças produtivas, mas pelas classes sociais, claro que sob condições econômicas, sociais e políticas determinadas. Em outras palavras, Marx leva em conta a *autonomia relativa* da luta de classes em relação às flutuações da situação econômica e ao "dia a dia da marcha da indústria e do comércio". Se cada força política corresponde a uma classe ou fração de classe, é no conflito social que se encontra a chave dos conflitos políticos, e não nos movimentos da economia (mesmo em "última instância").

Não é por acaso, portanto, que Antonio Gramsci, em uma das passagens mais importantes de seus *Cadernos do cárcere**, menciona *As lutas de classe na França* com *O 18 de Brumário***, como obras que "permitem melhor definir a metodologia histórica marxista". Para Gramsci,

> a pretensão [apresentada como postulado essencial do materialismo histórico] de apresentar e de expor toda flutuação da política e da ideologia como expressão imediata da estrutura deve ser combatida, teoricamente, como infantilismo primitivo e, praticamente, com o testemunho autêntico de Marx, escritor de obras políticas e históricas concretas[5].

Esse comentário aparentemente "heterodoxo" corresponde com perfeição à abordagem marxista no livro em questão.

Marx estava particularmente interessado nos confrontos de junho de 1848. Como sabemos, essa grande revolta operária, que cobriu Paris de barricadas – após a dissolução das oficinas nacionais pelo governo republicano burguês –, foi esmagada de modo sanguinário pelo general Cavaignac,

---

[4] Friedrich Engels, "'Introduction' à Karl Marx", em Karl Marx, *Les Luttes de classes en France*, cit., p. 21-2 [ed. bras.: *As lutas de classe na França de 1848 a 1850*, cit., "Prefácio", p. 9-10].

[*] *Cadernos do cárcere*, v. 1-3 (trad. Luiz Sérgio Henriques, Marco Aurélio Nogueira e Carlos Nelson Coutinho, 11. ed., Rio de Janeiro, Civilização Brasileira, 2022). (N. E.)

[**] *O 18 de Brumário de Luís Bonaparte* (trad. Nélio Schneider, São Paulo, Boitempo, 2011). (N. E.)

[5] Antonio Gramsci, *Œuvres choisies* (Paris, Éditions Sociales, 1959), p. 104.

KARL MARX, FRIEDRICH ENGELS E AS REVOLUÇÕES DE 1848   139

ministro da Guerra, então já reconhecido por seu trabalho na "pacificação" colonial da Argélia.

Marx não se contenta em analisar o acontecimento – também cita um artigo que escreveu, "a quente", na *Neue Rheinische Zeitung*, no final de junho de 1848 –, atribuindo-lhe um significado histórico-mundial: a primeira grande batalha na guerra social moderna entre a burguesia e o proletariado. Há duas épocas na história da França e da Europa: antes e depois de junho de 1848. Por certo, Marx não desconhecia outras revoltas proletárias anteriores, começando com a revolta dos *canuts* de Lyon; mas é junho de 1848 que encarna, a seus olhos, a grande virada na luta de classes, o momento em que a própria palavra *revolução* muda de significado, deixando de designar uma simples mudança na forma do poder político (monarquia, república) e tomando o sentido de uma ofensiva contra a própria *ordem burguesa*.

Dois anos depois, Marx volta ao tema, redigindo um novo texto sobre os acontecimentos na França: *O 18 de Brumário de Luís Bonaparte* (1852). Essa pequena obra, verdadeira joia do estudo histórico materialista, é sem dúvida um dos escritos mais bem-sucedidos de Marx, tanto do ponto de vista de sua riqueza teórica quanto de sua qualidade literária. Foi escrito de uma só vez, entre janeiro e fevereiro de 1852, a pedido de seu amigo Weydemeyer, um comunista alemão exilado nos Estados Unidos, que o publicou no primeiro número de uma revista intitulada *Die Revolution*. O texto aborda o mesmo tema de *As lutas de classe na França*, mas com outra perspectiva histórica, buscando explicar por que essa revolução terminou em 2 de dezembro de 1851 com o golpe de Estado que garantiu plenos poderes a Luís Bonaparte, esse "personagem medíocre e grotesco", nas palavras de Marx (no prefácio à reedição de seu livro em 1869): seu "18 de Brumário" – data do golpe de Napoleão Bonaparte, no antigo calendário da Revolução Francesa. Em comparação com os artigos de 1850, aqui é menos o detalhe dos acontecimentos que interessa a Marx do que as linhas mestras do confronto das classes, assim como o grande enigma da base social do bonapartismo; e, sobretudo, trata-se de um trabalho muito mais importante do ponto de vista da reflexão teórica geral sobre a história, as ideologias, a luta de classes, o Estado e a revolução. Se *As lutas de classe na França* aborda a dinâmica específica das lutas sociais – irredutíveis às flutuações econômicas –, *O 18 de Brumário* permite apreender a autonomia relativa da política e de suas representações.

Um dos objetivos do livro é o de tentar definir a lógica social do bonapartismo, uma forma de poder político aparentemente autônoma em relação à sociedade civil, que se coloca como um árbitro acima das classes sociais, mas que serve, em última análise, à manutenção da *ordem burguesa* – garantindo, por meio da demagogia, o apoio do campesinato e de certas camadas populares urbanas. *O 18 de Brumário* foi escrito antes de Luís Bonaparte se proclamar imperador, mas esse desfecho, assim como o fim do Segundo Império, estava previsto na última frase do livro: "No dia em que o manto imperial finalmente cair sobre os ombros de Luís Bonaparte, a estátua de bronze de Napoleão vai desmoronar do topo da coluna Vendôme". A profecia tornou-se realidade, literalmente, embora com quase vinte anos de atraso: o "sobrinho" tornou-se Napoleão III em dezembro de 1852 e a Comuna de Paris derrubou a coluna Vendôme, jogando por terra "a estátua de bronze de Napoleão", em maio de 1871...

Logo nas primeiras linhas do texto, encontramos uma afirmação bastante geral, mas de valor capital para a compreensão do materialismo histórico: são *die Menschen*, ou seja, os seres humanos – e não as estruturas, as "leis da história" ou as forças produtivas – que fazem a história. Esse postulado permite distinguir o pensamento de Marx de toda a sorte de concepções positivistas ou deterministas – inspiradas no modelo das ciências naturais – do movimento histórico. Encontramos o equivalente em uma passagem de *O capital** em que Marx se refere a Vico: o que distingue a história humana da história natural é que os seres humanos fazem a primeira e não a segunda.

Certamente, acrescenta ele, eles não fazem história "arbitrariamente", e sim em condições determinadas. Essas condições incluem a herança do passado, que Marx encara de maneira bastante crítica, referindo-se à famosa fórmula de Hegel: a história se repete duas vezes, a primeira como tragédia, a segunda como farsa – Caussidière para Danton, Louis Blanc para Robespierre, o sobrinho (Luís Bonaparte) para o tio (Napoleão). Podemos então afirmar, como ele faz alguns parágrafos adiante, que as revoluções proletárias não podem extrair sua poesia do passado – como as revoluções burguesas –, mas apenas do futuro? Tal não parece ser o caso, já que a Comuna de Paris de 1871 se refere constantemente à de 1794, e a Revolução de Outubro, à própria Comuna (e

---

* *O capital: crítica da economia política*, Livro I: *O processo de produção do capital*, trad. Rubens Enderle, São Paulo, Boitempo, 2013. (N. E.)

KARL MARX, FRIEDRICH ENGELS E AS REVOLUÇÕES DE 1848   141

assim por diante). O objetivo de Marx com essa observação era provavelmente o de livrar o movimento operário socialista da pesada herança jacobina.

As tradições do passado são um dos aspectos daquilo que Marx designou em 1846 pelo termo "ideologia" e aqui por "superestrutura"; ideias, ilusões, visões do mundo (*Lebensanschauungen*), "formas de pensar" (*Denkweisen*). Este último termo é interessante: não é este ou aquele conteúdo filosófico, político ou teológico que conta, mas um certo *modo de pensar*. Esse conjunto de representações "repousa" nas formas de propriedade e de existência social, mas são *as classes sociais que o criam*: em outras palavras, a ideologia, ou a "superestrutura", nunca é a expressão direta da "infraestrutura" econômica; ela é produzida e inventada pelas classes sociais de acordo com seus interesses e sua situação social. Não há, portanto, uma ideologia em geral de uma sociedade, e sim representações, modos de pensar das diferentes classes sociais.

Na sistematização dessas ideias e ilusões, os intelectuais – os representantes políticos e literários das diferentes classes – desempenham um papel capital. Qualquer que seja sua distância em relação à sua classe – em termos de cultura ou de sensibilidade –, eles são seus "representantes" ou ideólogos na medida em que suas concepções se situam no *horizonte de pensamento* da classe, não ultrapassando os *limites* de sua visão de mundo; em outras palavras, suas reflexões, por mais sutis e sofisticadas que sejam, não vão além do quadro da *problemática* da classe, ou seja, das questões que ela se coloca em função de seus interesses e de sua situação social. Essa passagem de Marx define, portanto, tanto a autonomia relativa dos intelectuais em relação às classes sociais quanto sua dependência, em última análise, de suas *Denkweisen*.

O 18 de Brumário testemunha também o antiestatismo de Marx, sua crítica radical à alienação política, que separa da sociedade os interesses comuns; estamos aqui na linha de continuidade da crítica da filosofia do Estado de Hegel no *Manuscrito de Kreuznach** (1843). Ao enfatizar a permanência do aparelho de Estado, pletórico, parasitário e hipercentralizado, da monarquia absoluta a Luís Napoleão, passando pela Revolução Francesa, Napoleão I, a Restauração e a Monarquia de Julho, Marx não está tão longe das análises que Tocqueville

---

* Também conhecido como *Contribuição à crítica da filosofia do direito de Hegel* (trad. Rubens Enderle e Leonardo de Deus, São Paulo, Expressão Popular, 2019). (N. E.)

142 MARX, ESSE DESCONHECIDO

desenvolveria mais tarde em *O Antigo Regime e a Revolução** (1856) – o mesmo Tocqueville que Marx menciona em *O 18 de Brumário* no papel nada estelar, em 1851, de porta-voz do partido da ordem (uma associação confusa de legitimistas, orleanistas e bonapartistas) na Assembleia Nacional...

O desafio da futura revolução social não é, portanto, como foi o caso das revoluções do passado, tomar posse – "como uma presa" – do Estado, mas a *destruição (Zertrümmerung)* do aparato burocrático. No entanto, Marx ainda não tinha uma ideia precisa da nova forma de poder político que deveria substituir o Estado: ele a definia como uma "nova forma de centralização política". A fórmula é ao mesmo tempo muito vaga e demasiado unilateral, suprimindo, a favor de um único polo, a dialética entre centralização e descentralização, unidade democrática e federalismo. Na verdade, a resposta a essa pergunta só será dada a Marx pela Comuna de Paris de 1871.

Os sujeitos dessa futura revolução social são certamente os proletários, mas também os camponeses, uma vez liberados de suas ilusões bonapartistas. Por mais que Marx parecesse, a princípio, condenar os camponeses à impotência política e ao triste papel de base social do bonapartismo, ele também percebeu que sem a ação revolucionária dessa classe a revolução proletária estava fadada, em "todas as nações camponesas" – como a França no século XIX, mas também a Rússia, a China e muitos outros países no século XX –, ao fracasso.

Exilados em Londres, Marx e Engels continuaram, porém, a acompanhar de perto as últimas batalhas da revolução iniciada em março de 1848 na Alemanha. Eles escreverão, assim, em março de 1850, uma mensagem em nome do Comitê Central, dirigida aos militantes da Liga dos Comunistas que permaneceram no país. É um dos documentos políticos mais importantes escritos pelos autores do *Manifesto*. Partindo de uma apreciação perfeitamente ilusória e errônea da situação na Alemanha, onde a contrarrevolução já havia vencido o jogo, ela, no entanto, não deixa de prenunciar as principais revoluções do século XX. Ela contém a formulação mais explícita e coerente da ideia de *revolução permanente*, ou seja, a intuição da possibilidade objetiva, em um país "atrasado", absolutista e "semifeudal" como a Alemanha, de uma articulação dialética entre as tarefas históricas da revolução democrática e as da revolução proletária, em um único processo histórico ininterrupto. Essa hipótese já aparecera, sob uma

---

* *O antigo regime e a revolução* (org. J. P. Mayer, trad. Rosemary Costhek Abílio, 2. ed., São Paulo, WMF Martins Fontes, 2016). (N. E.)

forma filosófica abstrata, em *Contribuição à crítica da filosofia do direito de Hegel*, em 1844, bem como, implicitamente, em alguns dos artigos sobre a Revolução Alemã escritos para a *Nouvelle Gazette Rhénane*, em 1848-1849. É verdade também que encontramos em Marx, e mais ainda em Engels, tanto antes quanto depois de 1850, escritos em que o desenvolvimento do capitalismo industrial e o advento da república parlamentar burguesa aparecem como etapas históricas distintas, precedendo a luta pelo socialismo.

Observando a capitulação da burguesia liberal ao absolutismo, a mensagem propõe uma aliança do proletariado alemão com as forças democráticas da pequena-burguesia, contra a coalizão reacionária entre a monarquia, os latifundiários e a grande burguesia. No entanto, essa coalizão democrática é percebida como um momento transitório em um processo revolucionário "permanente", até a abolição da propriedade privada burguesa e o estabelecimento de uma nova sociedade, uma sociedade sem classes – não apenas na Alemanha, mas internacionalmente. Para isso, seria necessário que os trabalhadores organizassem os próprios comitês, seus governos operários revolucionários locais e sua guarda proletária armada. A semelhança com o que vai acontecer – claro que em outro contexto – em Outubro de 1917, na Rússia, é espantosa: conselhos operários, dualidade de poder, revolução em permanência.

A mensagem de março de 1850 foi publicada pela primeira vez por Engels, como apêndice do livro de Marx, *Enthüllungen über den Kommunisten-Prozess zu Köln** [Revelações sobre o julgamento dos comunistas em Colônia], editado em Zurique, em 1885. Ela não deixará de suscitar críticas dos partidários de uma social-democracia moderada. Assim, Eduard Bernstein, em *Les Présupposés du socialisme* (1898), denunciou a "revolução permanente" como uma formulação "blanquista". Ora, nem o conceito, nem o termo são encontrados nos escritos de Auguste Blanqui. De fato, a fonte mais provável do termo reside nas obras sobre a história da Revolução Francesa que Marx havia estudado em 1844-1846, nas quais se falava de clubes revolucionários que se reuniam "permanentemente". Bernstein também percebe, mas desta vez com razão, a *dialética* como fonte das ideias apresentadas na mensagem. Segundo ele, a ideia de transformar a futura explosão revolucionária na Alemanha em uma "revolução permanente" era fruto da dialética hegeliana – um método

---

* Karl Marx, *Enthüllungen über den Kommunisten-Prozess zu Köln* ([s. l.], e-artnow, 2018). (N. E.)

144 MARX, ESSE DESCONHECIDO

"tanto mais perigoso porque nunca é totalmente falso" –, que permite "passar abruptamente da análise econômica à violência" política, já que "cada coisa carrega em si o seu contrário"[6].

Com efeito, foi somente graças à sua abordagem dialética que Marx e Engels conseguiram superar o dualismo rígido e fixo que separava a evolução econômica e a ação política, a revolução democrática e a revolução socialista. É sua compreensão da unidade contraditória desses diferentes momentos e da possibilidade de saltos qualitativos ("passagens repentinas") no processo histórico que lhes permitiu esboçar a problemática da revolução permanente. Contra esse método dialético, Bernstein só pôde propor um "recurso ao empirismo" como "único meio de evitar os piores equívocos". Empirismo *versus* dialética, não poderíamos destacar melhor as premissas metodológicas que se chocam nesse debate.

O interesse dessa escrita "em tempo real" de Marx e Engels é que, apesar do óbvio erro "empírico" em sua análise da situação na Alemanha, eles capturaram um aspecto essencial das revoluções sociais do século XX, não apenas na Rússia, mas também na Espanha, assim como nos países do Sul (Ásia e América Latina): a fusão explosiva entre revolução democrática (e/ou anticolonialista) e revolução socialista, em um processo "permanente". Ideias análogas serão desenvolvidas – sem necessariamente o conhecimento da mensagem de 1850 ou dos escritos de Trótski – por marxistas latino-americanos como José Carlos Mariátegui no final dos anos 1920, e Ernesto "Che" Guevara em 1967, ou africanos, como Amílcar Cabral. A questão continua atual, como mostra o debate sobre o "socialismo do século XXI", notadamente na América Latina.

---

[6] Eduard Berstein, *Les Présupposés du socialisme* (Paris, Seuil, 1974 [1899]), p. 67 [ed. port.: *Os pressupostos do socialismo e as tarefas da social-democracia*, trad. Álvaro de Figueiredo e Maria Cecília Colaço, [s. l.], Dom Quixote, 1976].

GLOBALIZAÇÃO E INTERNACIONALISMO: ATUALIDADE DO *MANIFESTO COMUNISTA**

O *Manifesto Comunista* é o mais conhecido de todos os escritos de Marx e Engels. De fato, nenhum outro livro, salvo a Bíblia, foi com tanta frequência traduzido e reeditado. Naturalmente, ele não tem muito em comum com a Bíblia, salvo a denúncia profética da injustiça social. Da mesma forma que Isaías ou Amós, Marx e Engels levantaram suas vozes contra as infâmias dos ricos e poderosos, e em solidariedade com os pobres e humildes. Assim como Daniel, eles leram a escrita no muro da Nova Babilônia: *Mene, Mene, Tequel Ufarsim* [teus dias estão contados]. Mas, contrariamente aos profetas do Antigo Testamento, eles não depositavam suas esperanças em nenhum deus, nenhum messias, nenhum salvador supremo: a libertação dos oprimidos seria obra dos próprios oprimidos.

O que permanece do *Manifesto* 150 anos depois? Algumas passagens ou alguns argumentos já tinham se tornado obsoletos durante a vida de seus autores, como eles mesmos reconheceram em seus numerosos prefácios. Outros se tornaram no curso de nosso século e exigem um reexame crítico. Mas o propósito geral do documento, seu núcleo central, seu *espírito* – existe algo como o "espírito" de um texto – não perdeu nada de sua força e de sua vitalidade.

Esse espírito resulta de sua qualidade ao mesmo tempo *crítica e emancipadora*, isto é, da unidade indissolúvel entre a análise do capitalismo e o chamado à sua destruição, entre o exame lúcido das contradições da sociedade burguesa e a utopia revolucionária de uma sociedade solidária e igualitária,

---

*   Originalmente publicado em Caio Navarro de Toledo (org.), *Ensaios sobre o Manifesto Comunista* (trad. José Corrêa Leite, São Paulo, Xamã, 1998). (N. E.).

146 MARX, ESSE DESCONHECIDO

entre a explicação realista dos mecanismos de expansão capitalista e a exigência ética de "suprimir todas as condições no seio das quais o homem é um ser diminuído, sujeitado, abandonado, desprezado"[1].

De muitos pontos de vista, o *Manifesto* é não somente atual, mas *mais atual hoje* do que há 150 anos. Tomemos como exemplo seu diagnóstico da *globalização capitalista*. O capitalismo, insistiam os dois jovens autores, está levando a cabo um processo de unificação econômica e cultural do mundo, submetendo-o a seu tacão.

> Pela exploração do mercado mundial, a burguesia imprime um caráter cosmopolita à produção e ao consumo em todos os países. Para desespero dos reacionários, ela roubou da indústria sua base nacional. [...] No lugar do antigo isolamento de regiões e nações autossuficientes, desenvolvem-se um intercâmbio universal e uma universal interdependência das nações. E isto se refere tanto à produção material como à produção intelectual.[2]

Não se trata somente de expansão, mas também de *dominação*: a burguesia "por meio do rápido aperfeiçoamento de todos os instrumentos de produção e dos meios de comunicação enormemente facilitados, transformou até mesmo a nação mais bárbara em civilizada. Em uma palavra, a burguesia cria o mundo à sua imagem"[3]. Isso era, em grande medida, em 1848, mais uma antecipação de tendências futuras que uma simples descrição da realidade contemporânea. Trata-se de uma análise que é *muito mais verdadeira hoje*, na época da globalização, do que há 150 anos, no momento da redação do *Manifesto*.

Nunca antes o capital conseguiu, como no fim do século XX, exercer um poder tão completo, absoluto, integral, universal e ilimitado sobre o mundo todo. Nunca antes pôde impor, como atualmente, suas regras, suas políticas, seus dogmas e seus interesses a todas as nações do globo. Nunca antes existiu uma tão densa rede de instituições internacionais – como o Fundo Monetário Internacional, o Banco Mundial, a Organização Internacional do Comércio – destinada a controlar, governar e administrar a vida da humanidade segundo

---

[1] Karl Marx, *Contribution à la critique de la philosophie du droit de Hegel* (Paris, Aubier Montaigne, 1971), p. 81.

[2] Karl Marx e Friedrich Engels, *Manifeste du Parti Communiste* (Paris, Livre de Poche, 1973), p. 10-1 [ed. bras.: *Manifesto Comunista*, trad. Álvaro Pina e Ivana Jinkings, São Paulo, Boitempo, 1998, p. 43].

[3] Ibidem, p. 10-1 [ed. bras.: *Manifesto Comunista*, cit., p. 244).

as regras escritas do livre mercado capitalista e do livre lucro capitalista. Nunca antes estiveram todas as esferas da vida humana – relações sociais, cultura, arte, política, sexualidade, saúde, educação, divertimento – tão completamente submetidas ao capital e tão profundamente imersas nas "águas geladas do cálculo egoísta"[4].

Entretanto, a brilhante – e *profética* – análise da globalização do capital, esboçada nas primeiras páginas do *Manifesto*, padece de certas limitações, tensões ou contradições que resultam não de um excesso de zelo revolucionário, como o afirma a maioria dos críticos do marxismo, mas, pelo contrário, de uma postura insuficientemente crítica em relação à civilização industrial--burguesa moderna. Vejamos alguns desses aspectos, que estão estreitamente ligados entre si.

1. A ideologia do progresso típica do século XIX se manifesta na forma visivelmente *eurocêntrica* como Marx e Engels expressam sua admiração pela capacidade da burguesia de arrastar "para a corrente da civilização até as nações mais bárbaras": graças a suas mercadorias baratas, "ela obriga a capitularem os bárbaros mais tenazmente xenófobos" (uma referência clara à China). Eles parecem considerar a dominação colonial do Ocidente como parte do papel histórico "civilizador" da burguesia: essa classe "subordinou o campo à cidade, os países bárbaros ou semibárbaros aos países civilizados, subordinou os povos camponeses aos povos burgueses, o Oriente ao Ocidente"[5].

A única restrição a essa distinção eurocêntrica, mas colonial, entre nações "civilizadas" e "bárbaras" é a passagem em que ele questiona a "assim chamada civilização" (*sogennante Zivilisation*), a propósito do mundo burguês ocidental[6].

Em escritos posteriores, Marx assumiria uma postura muito mais crítica em relação ao colonialismo ocidental na Índia e na China, mas foi necessário esperar pelos teóricos modernos do imperialismo – Rosa Luxemburgo e Lênin – para que fosse formulada uma denúncia marxista *radical* da "civilização burguesa" do ponto de vista de suas vítimas, isto é, dos povos dos países colonizados. E só com a teoria da revolução permanente de Trótski é que

---

4   Ibidem, p. 10-1 [ed. bras.: ibidem, p. 42)].

5   Ibidem, p. 10-1 [ed. bras.: ibidem, p. 44]. Para uma discussão aprofundada dessa problemática, remetemos ao excelente texto de Nestor Kohan, "Marx en su (tercer) mundo", *Casa de las Américas*, n. 207, abr.-jun. 1977.

6   Karl Marx e Friedrich Engels, *Manifest der kommunistichen Partei* (Berlim, Dietz, 1968), p. 17 [ed. bras.: *Manifesto Comunista*, cit., p. 44, com modificações].

148 MARX, ESSE DESCONHECIDO

apareceria a ideia herética segundo a qual as revoluções socialistas começarão mais provavelmente na periferia do sistema – nos países dependentes. É verdade que o fundador do Exército Vermelho se apressaria em acrescentar que, sem a extensão da revolução aos centros industriais avançados, notadamente à Europa ocidental, ela estaria, com o tempo, destinada ao fracasso.

Esquece-se, com frequência, que em seu prefácio à tradução russa do *Manifesto* (1881), Marx e Engels vislumbraram a hipótese de que a revolução socialista começaria na Rússia – apoiando-se nas tradições comunitárias do campesinato –, antes de se estender à Europa ocidental. Esse texto – da mesma forma que a carta, redigida na mesma época, a Vera Zasulich – responde antecipadamente aos argumentos pretensamente "marxistas ortodoxos" de Kautsky e Plekhanov contra o "voluntarismo" da Revolução de Outubro de 1917 – argumentos que voltaram à moda hoje, após o fim da URSS –, segundo os quais uma revolução socialista não é possível senão onde as forças produtivas atingiram a "maturidade", isto é, nos países capitalistas avançados.

2. Inspirados por um otimismo "livre-cambista", bem pouco crítico em relação à burguesia, e por um método bastante economicista, Marx e Engels previram – erroneamente – que "os isolamentos e os antagonismos nacionais entre os povos desaparecem cada vez mais com o desenvolvimento da burguesia, com a liberdade de comércio, com o mercado mundial, com a uniformidade da produção industrial e com as condições de existência a ela correspondentes"[7].

A história do século XX – duas guerras mundiais e inúmeros conflitos brutais entre nações – não confirmou de maneira alguma essa previsão. É da própria natureza da expansão planetária do capital produzir e reproduzir incessantemente o confronto entre nações, quer seja nos conflitos interimperialistas pela dominação do mercado mundial, nos movimentos de libertação nacional contra a opressão imperialista, ou ainda sob mil outras formas.

Observamos hoje, uma vez mais, a que ponto a globalização capitalista nutre os pânicos de identidade e os nacionalismos tribais. A falsa universalidade do mercado mundial desencadeia os particularismos e reforça as xenofobias:

---

[7] Ibidem, p. 31 [ed. bras.: ibidem p. 56]. Essa afirmação do *Manifesto* é parcialmente negada, algumas linhas depois, quando os autores parecem ligar o fim dos antagonismos nacionais ao do capitalismo: "À medida que é abolida a exploração de um indivíduo por outro, a exploração de uma nação por outra é igualmente abolida".

GLOBALIZAÇÃO E INTERNACIONALISMO 149

o cosmopolitismo mercantil do capital e as pulsões identitárias agressivas se alimentam mutuamente[8].

A experiência histórica – particularmente da Irlanda, em sua luta contra o jugo imperial inglês – ensinou poucos anos mais tarde a Marx e Engels que o reino da burguesia e do mercado capitalista não suprimem, mas *intensificam* – a um grau sem precedentes na história – os conflitos nacionais.

Mas somente com os escritos de Lênin sobre o direito à autodeterminação das nações e os de Otto Bauer sobre a autonomia nacional cultural – dois enfoques habitualmente considerados contraditórios, mas que também podem ser vistos como complementares – surgiu uma reflexão marxista mais coerente a respeito do fato nacional, de sua natureza política e cultural, e de sua autonomia relativa – de fato, sua irredutibilidade – em relação à economia.

3. Homenageando a burguesia por sua inaudita capacidade em desenvolver as forças produtivas, Marx e Engels celebraram sem reservas a "'subjugação' das forças da natureza" e a "exploração de continentes inteiros" pela produção moderna. A destruição do meio ambiente pela indústria capitalista e o perigo para o equilíbrio ecológico que representa o desenvolvimento ilimitado das forças produtivas burguesas são questões fora do horizonte intelectual deles.

Em termos mais gerais, eles parecem que concebiam a revolução sobretudo como ruptura dos "entraves" – as formas de propriedade existentes – que impedem o livre crescimento das forças produtivas criadas pela burguesia, sem colocar a questão da necessidade de revolucionar também a estrutura das próprias forças produtivas, em função de critérios tanto sociais como ecológicos.

Essa limitação foi parcialmente corrigida por Marx, em certos escritos posteriores, em especial em *O capital*, no qual consta a questão do esgotamento simultâneo da terra e da força de trabalho pela lógica do capital. Foi apenas durante as últimas décadas, com o surgimento do ecossocialismo, que apareceram tentativas sérias de integrar as intuições fundamentais da ecologia no quadro da teoria marxista.

4. Inspirados pelo que se poderia chamar "o otimismo fatalista" da ideologia do progresso, Marx e Engels não hesitaram em proclamar que a queda da burguesia e a vitória do proletariado "são igualmente inelutáveis". É inútil insistir sobre as consequências políticas dessa visão da história como processo

---

[8] Retomamos por conta própria as análises de Daniel Bensaïd em seu notável livro *Le Pari mélancolique* (Paris, Fayard, 1997).

determinado de antemão, com resultados garantidos pela ciência, pelas leis da história ou pelas contradições do sistema.

Conduzido ao limite – o que não é, que fique bem entendido, o caso dos autores do *Manifesto* –, esse raciocínio não deixa lugar para o fator subjetivo: a consciência, a organização, a iniciativa revolucionária. Se, como afirma Plekhanov, "a vitória de nosso programa é tão inevitável como o nascer do sol amanhã", por que criar um partido político, lutar, arriscar sua vida pela causa? Ninguém pensaria em organizar um movimento para garantir a nascimento do sol amanhã...

É verdade que uma passagem do *Manifesto* contradiz, ao menos implicitamente, a filosofia "inevitabilista" da história: é o célebre segundo parágrafo do capítulo "Burgueses e proletários", segundo o qual a luta de classes "terminou sempre ou por uma transformação revolucionária da sociedade inteira, ou pela destruição das duas classes em conflito"*. Marx e Engels não afirmam explicitamente que essa alternativa poderia se colocar também no futuro, mas essa é uma interpretação possível da passagem.

De fato, é a "brochura Jones" de Rosa Luxemburgo – *A crise da social--democracia* (1915) – que vai colocar claramente, pela primeira vez na história, a alternativa *socialismo ou barbárie* como escolha histórica para o movimento operário e para a humanidade. É nesse momento que o marxismo rompe de maneira radical com toda visão linear da história e com a ilusão de um futuro "garantido". E é apenas nos escritos de Walter Benjamin que se verá finalmente uma crítica profunda, em nome do materialismo histórico, das ideologias do progresso, que desarmaram o movimento operário alemão e europeu alimentando a ilusão de que bastaria "nadar com a corrente" da história.

Seria falso concluir de todas essas observações críticas que o *Manifesto* não escapa ao quadro da filosofia "progressista" da história, herdeira do pensamento das Luzes e de Hegel. Mesmo celebrando a burguesia como a classe que revolucionou a produção e a sociedade, que realizou maravilhas incomparavelmente mais impressionantes do que as pirâmides do Egito ou as catedrais góticas, Marx e Engels rejeitaram uma visão linear da história. Eles destacaram de modo incessante que a espetacular progressão das forças de produção – mais impressionante e colossal na sociedade burguesa do que em todas as

---

* Ed. bras.: *Manifesto Comunista*, cit., p. 40. (N. E.)

sociedades do passado – implicava uma enorme degradação da condição social dos produtores diretos.

É o caso principalmente das análises que fazem do declínio – em termos de qualidade de vida e de trabalho – que significa a condição operária moderna em relação àquela do artesão, e mesmo, em certos aspectos, do servo feudal: "O servo, em plena servidão, conseguiu tornar-se membro da comuna [...]. O operário moderno, pelo contrário, longe de se elevar com o progresso da indústria, desce cada vez mais, caindo abaixo das condições de sua própria classe". Da mesma forma, no sistema do maquinário capitalista, o trabalho do operário torna-se "repugnante" – um conceito *fourierista* retomado pelo *Manifesto*; ele perde toda a autonomia e "tiraram-lhe todo o atrativo"[9].

Vê-se esboçar aqui uma concepção eminentemente *dialética* do movimento histórico, na qual certos *progressos* – do ponto de vista da técnica, da indústria, da produtividade – são acompanhados de *regressões* em outros domínios: social, cultural, ético. Sobre isso, é interessante a observação segundo a qual a burguesia "reduziu a dignidade pessoal ao valor de troca" e não deixou subsistir qualquer outro vínculo entre os seres humanos senão "o laço do frio interesse, as duras exigências do 'pagamento à vista' (*die gefühllose 'bahre Zahlung'*)"[10].

Acrescentemos a isso que o *Manifesto* é muito mais do que um diagnóstico – tão profético, tão marcado pelos limites de sua época – da potência global do capitalismo: ele é também, e sobretudo, um *chamado urgente ao combate internacional contra essa dominação*. Marx e Engels tinham compreendido perfeitamente que o capital, enquanto sistema mundial, só pode ser derrotado por uma ação histórico-mundial de suas vítimas, o proletariado internacional e seus aliados.

De todas as palavras do *Manifesto*, a última é, sem dúvida, a que chocou a imaginação e o coração de várias gerações de militantes operários e socialistas: "*Proletarier aller Länder, vereinigt euch!*", "Proletários de todos os países, uni-vos!". Não é por acaso que essa interjeição se tornou a bandeira e a palavra de ordem das correntes mais radicais do movimento nos últimos 150 anos. Trata-se de um grito, de uma convocação, de um imperativo categórico ao

---

9   Karl Marx e Friedrich Engels, *Manifeste du Parti communiste*, cit., p. 14-5, 21 [ed. bras.: *Manifesto Comunista*, cit., p. 50, 55, 46].

10 Ibidem, p. 8 [ed. bras., ibidem, p. 42]

152 MARX, ESSE DESCONHECIDO

mesmo tempo ético e estratégico, que serviu de bússola em meio a guerras, enfrentamentos confusos e brumas ideológicas.

Esse chamado é também visionário. Em 1848, o proletariado era uma minoria da sociedade na maior parte dos países de Europa, sem falar do resto do mundo. Hoje, a massa de trabalhadores assalariados explorados pelo capital – operários, empregados, trabalhadores do setor de serviços, precarizados, trabalhadores agrícolas – é a maioria da população do globo. É, e de longe, a força principal no combate de classe contra o sistema capitalista mundial, e o eixo em torno do qual podem e devem se articular as outras lutas e os outros atores sociais.

De fato, isso não diz respeito apenas ao proletariado: é o conjunto das vítimas do capitalismo, o conjunto das categorias e grupos sociais oprimidos – mulheres (um pouco ausentes do *Manifesto*), nações e etnias dominadas, desempregados e excluídos (o "pobretariado") – de todos os países que são interessados na mudança social. Isso sem falar da questão ecológica, que não atinge a este ou aquele grupo, mas à espécie humana em seu conjunto.

Depois da queda do Muro de Berlim, decretou-se o fim do socialismo, o fim da luta de classes e mesmo o fim da história. Os movimentos sociais dos últimos anos, na França, na Itália, na Coreia do Sul, no Brasil ou nos Estados Unidos – de fato, por todo o mundo – ofereceram um severo desmentido a esse gênero de elucubração pseudo-hegeliano. O que, pelo contrário, está dramaticamente ausente nas classes subalternas é um mínimo de coordenação internacional[11].

Para Marx e Engels, o internacionalismo era simultaneamente uma peça central da estratégia de organização e luta do proletariado contra o capital global, e a expressão de um objetivo *humanista revolucionário*, para o qual a emancipação da humanidade era o valor ético supremo e a meta final do combate. Eles eram "cosmopolitas" comunistas, na medida em que o mundo

---

[11] Que pensam os próprios alemães sobre essa questão oito anos após a queda do Muro? Acreditam eles que "hoje a luta de classes está ultrapassada. Patrões e empregados devem se tratar como parceiros" ou, antes, que "é correto falar de luta de classes. Patrões e empregados têm no fundo interesses totalmente incompatíveis"? Eis uma pesquisa interessante, publicada em 10 de dezembro pelo *Frankfurter Allgemeine Zeitung*, um jornal pouco suspeito de simpatias marxistas: enquanto, em 1980, 58% dos cidadãos alemães ocidentais optavam pela primeira resposta e 25% pela segunda, em 1997 a tendência foi inversa: 41% ainda julgavam a luta de classes caduca, e 44% a consideravam na ordem do dia. Na ex-RDA – isto é, entre as pessoas que derrubaram o Muro de Berlin –, a maioria era ainda mais clara: 58% dos partidários da luta de classes contra 26%! Ver *Le Monde Diplomatique*, n. 526, jan. 1998, p. 8.

GLOBALIZAÇÃO E INTERNACIONALISMO   153

inteiro, sem fronteiras ou limites nacionais, era o horizonte de pensamento e de ação deles, assim como o conteúdo de sua utopia revolucionária. Em *A ideologia alemã*, escrita somente dois anos antes do *Manifesto*, eles destacavam: é somente graças a uma revolução comunista, que será necessariamente um processo histórico mundial, que

> os indivíduos singulares são libertados das diversas limitações nacionais e locais, são postos em contato prático com a produção (incluindo a produção espiritual) do mundo inteiro e em condições de adquirir a capacidade de fruição dessa multifacetada produção de toda a terra (criações dos homens).[12]

Marx e Engels não se limitaram a pregar a unidade proletária sem fronteiras. Eles também trataram, durante uma boa parte de suas vidas, de *dar uma forma concreta e organizada à solidariedade internacionalista*. Em um primeiro momento, reunindo revolucionários alemães, franceses e ingleses na Liga Comunista de 1847-1848, e, mais tarde, contribuindo para a construção da Associação Internacional dos Trabalhadores, fundada em 1864. As Internacionais sucessivas – da Primeira até a Quarta – sofreram crises, deformações burocráticas ou isolamento. Mas isso não impediu que o internacionalismo fosse uma das forças motrizes poderosas das ações emancipadoras no curso do século XX. Durante os primeiros anos depois da Revolução de Outubro, uma impressionante onda de internacionalismo ativo teve lugar na Europa e no mundo inteiro. Nos anos do stalinismo, esse internacionalismo foi manipulado a serviço dos interesses de grande potência da União Soviética. Mas, mesmo durante o período de degeneração burocrática da Internacional Comunista, ocorreram manifestações autênticas de internacionalismo, como as brigadas internacionais na Espanha de 1936-1938. Mais recentemente, uma nova geração internacionalista reencontrou o gosto pela ação internacionalista, nos levantes de 1968 ou na solidariedade com as revoluções do Terceiro Mundo.

Em nossos dias, mais do que em qualquer período no passado – e muito mais do que em 1848 –, os problemas urgentes do momento são internacionais. Os desafios representados pela globalização capitalista, pelo neoliberalismo, pelo jogo sem controle dos mercados financeiros, pela monstruosa dívida e pelo empobrecimento do Terceiro Mundo, pela degradação do meio

---

[12]   Karl Marx e Friedrich Engels, *L'Ideologie allemande* (Paris, Éditions Sociales, 1968), p. 67 [ed. bras.: *A ideologia alemã*, trad. Rubens Enderle, Nélio Schneider e Luciano Cavini Martorano, São Paulo, Boitempo, 2007, p. 41].

ambiente, pela ameaça de crise ecológica – para mencionar só alguns exemplos – exigem soluções mundiais.

Somos forçados a constatar que, diante da unificação regional – a Europa – ou mundial do grande capital, a de seus adversários está perdendo força. Se no século XIX os setores mais conscientes do movimento operário, organizados nas Internacionais, estavam mais avançados do que a burguesia, hoje eles estão dramaticamente atrasados sobre aquela. Jamais a necessidade da associação, da coordenação, da ação comum internacional -- do ponto de vista sindical, em torno de reivindicações comuns, e do ponto de vista do combate pelo socialismo – foi tão urgente, e jamais ela foi também tão fraca, frágil e precária.

Isso não significa que o movimento por uma mudança social não deva começar ao nível de uma, ou de algumas nações, ou que os movimentos de libertação nacional não sejam legítimos. Mas as lutas contemporâneas são, em um grau sem precedentes, interdependentes e inter-relacionadas, de uma ponta do planeta até a outra. A única resposta racional e eficaz à chantagem capitalista da deslocalização e da "competitividade" – deve-se baixar os salários e os "encargos" em Paris para ser possível concorrer com os produtos de Bangkok – é a solidariedade internacional organizada e eficaz dos trabalhadores. Hoje ela aparece, de modo mais claro que no passado, em relação a que ponto os interesses dos trabalhadores do Norte e do Sul são convergentes: o aumento dos salários dos operários da Ásia do Sul interessa diretamente aos operários europeus; o combate dos camponeses e dos indígenas pela proteção da Floresta Amazônica contra os ataques destruidores da agroindústria concerne de perto aos defensores do meio ambiente nos Estados Unidos; a rejeição do neoliberalismo é comum aos movimentos sociais e populares de todos os países. Pode-se multiplicar os exemplos.

De que internacionalismo se trata? O velho "internacionalismo" dos blocos e dos "países guias" – como a União Soviética, a China, a Albânia etc. – está morto e enterrado. Ele foi o instrumento de burocracias nacionais mesquinhas, que o utilizaram para legitimar seu poder político de Estado. Chegou a hora de um novo começo, que ao mesmo tempo preserve o que de melhor havia nas tradições internacionalistas do passado.

Pode-se observar atualmente, aqui e acolá, as sementes de um novo internacionalismo, independente de qualquer Estado. Sindicalistas combativos, socialistas de esquerda, comunistas desestalinizados, trotskistas não dogmáticos e anarquistas sem sectarismo estão procurando os caminhos para a renovação da tradição do internacionalismo proletário. Uma iniciativa interessante, mesmo se ela permanece limitada a uma única região do mundo, é o Foro de São Paulo, espaço de debate e ação comum das principais forças de esquerda latino-americanas constituído em 1990, que coloca como objetivo o combate contra o neoliberalismo e a busca de vias alternativas, em função dos interesses e das necessidades das grandes maiorias populares.

Ao mesmo tempo, novas sensibilidades internacionalistas aparecem em movimentos sociais com vocação planetária, como o feminismo e a ecologia, em movimentos antirracistas, na teologia da libertação, nas associações de defesa dos direitos humanos ou em solidariedade com o Terceiro Mundo.

Todas essas correntes não se satisfazem com organizações existentes, como a Internacional Socialista, que tem o mérito de existir, mas que está muito comprometida com a ordem de coisas existente.

Uma amostra dos mais ativos representantes dessas diferentes tendências, vindos tanto do Norte como do Sul, se reuniu, em um espírito unitário e fraternal, na Conferência "Intergaláctica" pela Humanidade e contra o Neoliberalismo convocada nas montanhas de Chiapas em julho de 1996 pelo Exército Zapatista de Libertação Nacional (EZLN) – um movimento revolucionário que soube combinar, de maneira original e bem-sucedida, *o local*, isto é, as lutas indígenas em Chiapas, *o nacional*, isto é, o combate pela democracia no México, e o *internacional*, isto é, a luta mundial contra o neoliberalismo. Trata-se de um primeiro passo, ainda modesto, mas que vai em uma boa direção: da reconstrução da solidariedade internacional.

É evidente que, nesse combate global contra a globalização capitalista, as lutas nos países industriais avançados, que dominam a economia mundial, têm um papel decisivo: uma mudança profunda da relação de forças internacional é impossível sem que o próprio "centro" do sistema capitalista seja tocado. O renascimento de um movimento sindical combativo nos Estados Unidos é um sinal encorajador, mas é na Europa que os movimentos de resistência ao neoliberalismo são mais poderosos, mesmo se a coordenação deles em escala continental é ainda muito pouco desenvolvida.

Da convergência entre a renovação da tradição socialista, anticapitalista e anti-imperialista, do internacionalismo proletário – fundado por Marx no *Manifesto Comunista* – e das aspirações universalistas, humanistas, libertárias, ecológicas, feministas e democráticas dos novos movimentos sociais é que poderá surgir o internacionalismo do século XXI.

ENTREVISTA

SOBRE MARX

O texto a seguir é adaptado de uma entrevista mais extensa, originalmente publicada em *Avec Marx, philosophie et politique* (La Dispute, Paris, 2019), série feita sob a coordenação de Alexis Cukier e Isabelle Garo. Na entrevista, entre outros assuntos, Michael Löwy fala sobre como se deu sua descoberta dos escritos de Marx e como foi sua relação com esse autor ao longo da vida, uma união que resultaria em sua tese de doutorado, tema sobre o qual ele também discorre nessa conversa.

Como você conheceu o pensamento de Marx e começou a usá-lo; em que contexto teórico e político, para responder a que urgência e a que problema?

Comecemos do início. Nascido no Brasil em 1938, na cidade de São Paulo, filho de pais judeus vienenses que haviam emigrado para o Brasil na década de 1930, descobri Marx aos 15 anos, ao ler o *Manifesto Comunista**, que peguei emprestado de meu irmão. Foi imediatamente uma revelação, e comecei a procurar outros escritos do mesmo autor, especialmente os de natureza histórica e política: *Les Luttes de classes en France: 1848-1850***,

---

*   *Manifesto Comunista* (trad. Álvaro Pina e Ivana Jinkings, São Paulo, Boitempo, 1998). (N. E.)

**   Karl Marx, *Les Luttes de classes en France: 1848-1850* (Paris, Éditions Sociales, 1948) [ed. bras.: *As lutas de classe na França de 1848-1850*, trad. Nélio Schneider, São Paulo, Boitempo, 2012]. (N. E.)

160   MARX, ESSE DESCONHECIDO

Le 18 Brumaire de Louis Bonaparte*, *La Guerre civile en France: 1871*** —
todos em francês, idioma que estudei no colégio e na Alliance Française.
Pouco depois, comecei a ser militante em uma organização política, a Liga
Socialista Independente, um pequeno grupo luxemburguista. Meu mentor durante esses anos foi um jovem economista marxista, também judeu
de origem austríaca, Paul Singer, que me apresentou aos escritos de Rosa
Luxemburgo. Foi uma segunda iluminação profana: converti-me, de corpo e
alma, ao marxismo versão Rosa Luxemburgo, opção que iria determinar em
grande medida a minha leitura de Marx.

Quando entrei na Universidade de São Paulo (1956) para cursar ciências
sociais, fiquei bastante desapontado com a ausência de referências a Marx no
currículo — apesar da presença de vários professores de esquerda. Por volta de
1958, porém, alguns dos mestres, notadamente Fernando Henrique Cardoso,
nosso professor de sociologia — futuro presidente (neoliberal) do Brasil! —, José
Arthur Giannotti, filósofo formado na escola francesa, meu amigo Paul Singer
e alguns outros, formaram um grupo de estudos sobre *O capital* de Marx. Foi
uma iniciativa extracurricular, informal, com encontros semanais em torno de
um capítulo do livro. Depois de um ano, também foram convidados alguns
alunos, entre eles meu amigo Roberto Schwarz e eu mesmo. Foi meu primeiro
contato rigoroso com *O capital*.

No entanto, meu principal interesse ao longo desses anos eram os primeiros
escritos de Marx. Foi com base nessas leituras que escrevi meu primeiro texto
sobre o autor do *Manifesto*: "Homem e sociedade na obra do jovem Marx", publicado em 1961 em uma prestigiada revista da esquerda brasileira (*Brasiliense*).
Eu tentava mostrar que a concepção dialética de Marx era uma superação tanto
do individualismo liberal quanto do organicismo conservador. Nessa época, em
1960, participei da fundação da Organização Revolucionária Marxista "Política
Operária" (Polop), a primeira organização importante situada à esquerda do
Partido Comunista Brasileiro. Alguns de seus militantes participariam posteriormente da resistência armada contra a ditadura militar: entre eles, Dilma

---

*   Idem, *Le 18 Brumaire de Louis Bonaparte* (Paris, Éditions Flammarion, 2007) [ed.
     bras.: *O 18 de Brumário de Luís Bonaparte*, trad. Nélio Schneider, São Paulo, Boitempo,
     2011]. (N. E.)

**   Idem, *La Guerre civile en France: 1871* ([s. l.], Nouvelle, 1953) [ed. bras.: *A guerra civil na
     França*, trad. Rubens Enderle, São Paulo, Boitempo, 2011]. (N. E.)

Rousseff, presa e torturada pela repressão, e que se tornaria, algumas décadas depois, a presidente do Brasil (Partido dos Trabalhadores, centro-esquerda).

Uma terceira descoberta decisiva para mim nesse período foi a dos escritos de Lucien Goldmann e, por meio dele, de György Lukács. Decidi, uma vez finalizada a graduação em ciências sociais na Universidade de São Paulo, partir rumo a Paris a fim de fazer um doutorado sobre o jovem Marx, sob a orientação de Lucien Goldmann. Em 1961, portanto, deixei o Brasil e fui para a França, com bolsa francesa, sem imaginar que ficaria vinte anos sem voltar a meu país natal.

Qual foi o tema, ou melhor, o objetivo intelectual e político da sua tese de doutorado?

O tema de meu doutorado era "A teoria da revolução no jovem Marx"*: tratava-se de um trabalho de inspiração luxemburguista, mas que utilizava o método da sociologia histórica marxista (lukacsiana) de Lucien Goldmann. Apresentado em 1964 na Sorbonne, diante de uma banca composta de meu orientador, de Jacques Droz e de Ernest Labrousse, o trabalho recebeu a distinção máxima.

A tese pretendia ser um estudo marxista da evolução política e filosófica de Marx entre 1842 e 1848, ou seja, um estudo dessa evolução no quadro da totalidade histórico-social da qual faz parte: a sociedade capitalista do século XIX, o movimento operário de antes de 1848, a intelectualidade neo-hegeliana etc. A virada decisiva no movimento do pensamento do jovem Marx – não falo de "ruptura epistemológica" – foram as *Teses sobre Feuerbach***, "germe genial de uma nova concepção do mundo" (Engels) que se poderia chamar de "filosofia da práxis" (Gramsci), em vez de "materialismo histórico".

A tese continha duas dimensões relativamente distintas, mas relacionadas.

Primeiro, uma abordagem "sociológica" ou sócio-histórica: Marx era o "representante teórico" (termo marxiano) do proletariado. Sua teoria da revolução como autoemancipação foi formulada com base nas manifestações mais avançadas do incipiente movimento proletário de seu tempo: o cartismo, a revolta dos tecelões na Silésia, os círculos comunistas parisienses, a Liga dos Justos etc. Esse argumento era, indiretamente, uma polêmica contra a

---

* *A teoria da revolução do jovem Marx* (trad. Anderson Gonçalves, São Paulo, Boitempo, 2012). (N. E.)

** *Teses sobre Feuerbach* (trad. Silvio Donizete Chagas, São Paulo, Centauro, 2010). (N. E.)

afirmação de Lênin em *O que fazer?** (1903), segundo a qual a consciência socialista é introduzida "de fora" na classe trabalhadora.

Segundo, uma abordagem político-filosófica: a teoria da revolução de Marx é fundada em sua filosofia da práxis, em ruptura tanto com o materialismo francês quanto com o idealismo alemão. Para os materialistas, os homens são produtos das circunstâncias; portanto, para mudá-las é preciso alguém que possa se elevar acima delas: um déspota esclarecido para os enciclopedistas e os socialistas utópicos. Para os idealistas (neo-hegelianos de esquerda), é necessário transformar os homens (suas consciências) para poder mudar as circunstâncias: esse é o papel dos filósofos.

Essa última posição ainda era a do jovem Marx no início de 1844, no brilhante ensaio *Contribuição à crítica da filosofia do direito de Hegel***, no qual explica que a revolução nasce na cabeça do filósofo, antes de se apoderar das massas. Minha hipótese é que a revolta dos tecelões silesianos de junho de 1844 o faria mudar de opinião. No polêmico artigo contra Ruge, publicado pouco depois no jornal *Vorwärts!*, Marx saudou entusiasticamente esse acontecimento: ele passou a definir o socialismo como uma práxis e o proletariado como o elemento *ativo* da emancipação social.

Nas *Teses sobre Feuerbach* (1845), o jovem Marx formulará, portanto, uma nova visão do mundo, a filosofia da práxis, em ruptura com o materialismo e o idealismo anteriores. Superando dialeticamente as duas posições, ele proclama na Tese III: na práxis revolucionária a transformação das circunstâncias e a dos homens coincidem.

O escopo político dessa tese será explicitado em *A ideologia alemã**** (1846): "A revolução é necessária não apenas porque não há outra maneira de derrubar a classe dominante, mas também porque só por meio de uma revolução a classe *subversiva* pode conseguir se livrar de todo o velho lixo, tornando-se capaz de realizar uma nova fundação da sociedade". A revolução deve, portanto, ser um movimento de autoemancipação do proletariado – tese que Marx defenderá em todos os seus escritos políticos, notadamente

---

*   *O que fazer?* (trad. Paula Vaz de Almeida e Avante!, São Paulo, Boitempo, 2020). (N. E.)

**   *Contribuição à crítica da filosofia do direito de Hegel: introdução* (trad. Rubens Enderle e Leonardo de Deus, São Paulo, Expressão Popular, 2019). (N. E.)

*** *A ideologia alemã* (trad. Rubens Enderle, Nélio Schneider e Luciano Cavini Martorano, São Paulo, Boitempo, 2007). (N. E.)

no "Preâmbulo aos Estatutos da Primeira Internacional": "A emancipação dos trabalhadores será obra dos próprios trabalhadores".

Essa leitura de Marx era de inspiração "luxemburguista" e, de modo implícito, polemizava com as concepções de um certo leninismo (mais uma vez *O que fazer?*) sobre o papel do partido de vanguarda. O último capítulo da tese, aliás, era uma discussão das ideias sobre o partido proletário em Lênin, Rosa Luxemburgo, Trótski, Lukács e Gramsci.

Os historiadores de minha banca de defesa estavam interessados sobretudo na primeira dimensão da tese: eles se mostraram céticos em relação à existência, naquela época, de um proletariado no sentido moderno. Esse ceticismo foi compartilhado por Lucien Goldmann, que expressou suas dúvidas durante a defesa, e, posteriormente, em uma conferência de 1969 ("Revolução e burocracia"*):

> Como nasceu o marxismo? A que corresponde o pensamento de Marx? Há uma resposta corrente (há até uma tese que foi feita comigo sobre esse assunto, por Michael Löwy, que tentou me convencer) segundo a qual Marx expressaria o pensamento do proletariado. Que Marx atribui ao proletariado um lugar revolucionário fundamental é óbvio; mas que esse pensamento tenha sido, no momento em que nasceu, na França, na Inglaterra, o pensamento do proletariado (porque para Marx, e como tentei mostrar em todas as minhas análises históricas, são sempre os grupos sociais que elaboram as principais categorias), que as categorias do socialismo francês em geral daquela época – o grande renascimento do socialismo ocorreu na França na primeira metade do século XIX – tenham sido elaboradas pelo proletariado, não estou seguro. Em todo caso, é um problema importante. Como nasceu o pensamento marxista a partir de um pensamento da ala esquerda do pensamento democrático burguês, dos neo-hegelianos na Alemanha e do socialismo democrático francês?

Goldmann concluiu com um ponto de interrogação, então a questão permaneceu em aberto.

Por diversas razões, que não nos interessam aqui, minha tese só foi publicada em 1970, pela Maspero, na coleção Biblioteca Socialista, dirigida por Georges Haupt, ele também "luxemburguista". Posteriormente, foi traduzida para o espanhol, o italiano e o japonês, e, mais tarde ainda, para o inglês e para o português. Como no caso de minha banca de tese, a recepção centrou-se no aspecto "sociológico": a hipótese "filosófica" foi muitas vezes ignorada. A

---

* "Revolução e burocracia", *Cadernos Paisagem*, n. 1 [s. l.], [s. d.]. (N. E.)

164 MARX, ESSE DESCONHECIDO

principal exceção foi Hal Draper, o grande historiador marxista estadunidense: em sua monumental obra em cinco volumes, *Marx's Theory of Revolution**, ele tomou emprestado de meu livro (que ele cita) não apenas o título como também a importância atribuída ao princípio da autoemancipação. Mas devo acrescentar imediatamente: durante meus anos de formação política no Brasil, fui assinante da revista *Labour Action*, publicada pela Independent Socialist League, organização dissidente do trotskismo fundada por Max Schachtman. O editor dessa publicação era Hal Draper... Não me lembro de ter lido nada sobre Marx nela, mas toda a sua reflexão era inspirada pelo que ele mais tarde designaria, em um famoso ensaio, como "socialismo a partir de baixo". Foi então um movimento circular de ideias...

---

* Hal Draper, *Karl Marx's Theory of Revolution*, v. 1: *State and Bureaucracy* (Nova York, Monthly Review, 1977); v. 2: *Politics of Social Classes* (Nova York, Monthly Review, 1978); v. 3: *The Dictatorship of the Proletariat* (Nova York, Monthly Review, 1986); v. 4: *Critique of Other Socialisms* (Nova York, Monthly Review, 1990); v. 5: *War & Revolution* (Alameda/ Nova York, Center for Socialist History/Monthly Review, 2005). (N. E.)

CRONOLOGIA

1818   Em Trier (capital da província alemã do Reno), nasce Karl Marx (5 de maio), o segundo de oito filhos de Heinrich Marx e de Enriqueta Pressburg. Trier na época era influenciada pelo liberalismo revolucionário francês e pela reação ao Antigo Regime, vinda da Prússia.

1824   O pai de Marx, nascido Hirschel, advogado e conselheiro de Justiça, é obrigado a abandonar o judaísmo por motivos profissionais e políticos (os judeus estavam proibidos de ocupar cargos públicos na Renânia). Marx entra para o Ginásio de Trier (outubro).

1830   Inicia seus estudos no Liceu Friedrich Wilhelm, em Trier.

1835   Escreve *Reflexões de um jovem perante a escolha de sua profissão*. Presta exame final de bacharelado em Trier (24 de setembro). Inscreve-se na Universidade de Bonn.

1836   Estuda Direito na Universidade de Bonn. Participa do Clube de Poetas e de associações de estudantes. No verão, fica noivo em segredo de Jenny von Westphalen, sua vizinha em Trier. Em razão da oposição entre as famílias, casar-se-iam apenas sete anos depois. Matricula-se na Universidade de Berlim.

1837   Transfere-se para a Universidade de Berlim e estuda com mestres como Gans e Savigny. Escreve *Canções selvagens* e *Transformações*. Em carta ao pai, descreve sua relação contraditória com o hegelianismo, doutrina predominante na época.

1838   Entra para o Clube dos Doutores, encabeçado por Bruno Bauer. Perde o interesse pelo Direito e entrega-se com paixão ao estudo da Filosofia, o que lhe compromete a saúde. Morre seu pai.

1840   K. F. Koeppen dedica a Marx o seu estudo *Friedrich der Grosse und seine Widersacher* [Frederico, o Grande, e seus adversários].

166 MARX, ESSE DESCONHECIDO

1841 Com uma tese sobre as diferenças entre as filosofias de Demócrito e Epicuro, Marx recebe em Iena o título de doutor em Filosofia (15 de abril). Volta a Trier. Bruno Bauer, acusado de ateísmo, é expulso da cátedra de Teologia da Universidade de Bonn, com isso Marx perde a oportunidade de atuar como docente nessa universidade.

1842 Elabora seus primeiros trabalhos como publicista. Começa a colaborar com o jornal *Rheinische Zeitung* [Gazeta Renana], publicação da burguesia em Colônia, do qual mais tarde seria redator. Conhece Engels, que na ocasião visitava o jornal.

1843 Sob o regime prussiano, é fechado o *Rheinische Zeitung*. Marx casa-se com Jenny von Westphalen. Recusa convite do governo prussiano para ser redator no diário oficial. Passa a lua de mel em Kreuznach, onde se dedica ao estudo de diversos autores, com destaque para Hegel. Redige os manuscritos que viriam a ser conhecidos como *Crítica da filosofia do direito de Hegel* [*Zur Kritik der Hegelschen Rechtsphilosophie*]. Em outubro vai a Paris, onde Moses Hess e George Herwegh o apresentam às sociedades secretas socialistas e comunistas e às associações operárias alemãs. Conclui *Sobre a questão judaica* [*Zur Judenfrage*]. Substitui Arnold Ruge na direção dos *Deutsch-Französische Jahrbücher* [Anais Franco-Alemães]. Em dezembro inicia grande amizade com Heinrich Heine e conclui sua "Crítica da filosofia do direito de Hegel – Introdução" [*Zur Kritik der Hegelschen Rechtsphilosophie – Einleitung*].

1844 Em colaboração com Arnold Ruge, elabora e publica o primeiro e único volume dos *Deutsch-Französische Jahrbücher*, no qual participa com dois artigos: "A questão judaica" e "Introdução a uma crítica da filosofia do direito de Hegel". Escreve os *Manuscritos econômico-filosóficos* [*Ökonomisch-philosophische Manuskripte*]. Colabora com o *Vorwärts!* [Avante!], órgão de imprensa dos operários alemães na emigração. Conhece a Liga dos Justos, fundada por Weitling. Amigo de Heine, Leroux, Blanc, Proudhon e Bakunin, inicia em Paris estreita amizade com Engels. Nasce Jenny, primeira filha de Marx. Rompe com Ruge e desliga-se dos *Deutsch-Französische Jahrbücher*. O governo decreta a prisão de Marx, Ruge, Heine e Bernays pela colaboração nos *Deutsch-Französische Jahrbücher*. Encontra Engels em Paris e em dez dias planejam seu primeiro trabalho juntos, *A sagrada família* [*Die heilige Familie*]. Marx publica no *Vorwärts!* artigo sobre a greve na Silésia.

1845 Por causa do artigo sobre a greve na Silésia, a pedido do governo prussiano Marx é expulso da França, juntamente com Bakunin, Bürgers e Bornstedt. Muda-se para Bruxelas e, em colaboração com Engels, escreve e publica em Frankfurt *A sagrada família*. Ambos começam a escrever *A ideologia alemã*

CRONOLOGIA 167

[*Die deutsche Ideologie*] e Marx elabora "As teses sobre Feuerbach" [*Thesen über Feuerbach*]. Em setembro nasce Laura, segunda filha de Marx e Jenny. Em dezembro, ele renuncia à nacionalidade prussiana.

1846   Marx e Engels organizam em Bruxelas o primeiro Comitê de Correspondência da Liga dos Justos, uma rede de correspondentes comunistas em diversos países, a qual Proudhon se nega a integrar. Em carta a Annenkov, Marx critica o recém-publicado *Sistema das contradições econômicas ou Filosofia da miséria* [*Système des contradictions économiques ou Philosophie de la misère*], de Proudhon. Redige com Engels a *Zirkular gegen Kriege* [Circular contra Kriege], crítica a um alemão emigrado dono de um periódico socialista em Nova York. Por falta de editor, Marx e Engels desistem de publicar *A ideologia alemã* (a obra só seria publicada em 1932, na União Soviética). Em dezembro nasce Edgar, o terceiro filho de Marx.

1847   Filia-se à Liga dos Justos, em seguida nomeada Liga dos Comunistas. Realiza-se o primeiro congresso da associação em Londres (junho), ocasião em que se encomenda a Marx e Engels um manifesto dos comunistas. Eles participam do congresso de trabalhadores alemães em Bruxelas e, juntos, fundam a Associação Operária Alemã de Bruxelas. Marx é eleito vice-presidente da Associação Democrática. Conclui e publica a edição francesa de *Miséria da filosofia* [*Misère de la philosophie*] (Bruxelas, julho).

1848   Marx discursa sobre o livre-cambismo numa das reuniões da Associação Democrática. Com Engels publica, em Londres (fevereiro), o *Manifesto Comunista*. O governo revolucionário francês, por meio de Ferdinand Flocon, convida Marx a morar em Paris depois que o governo belga o expulsa de Bruxelas. Redige com Engels "Reivindicações do Partido Comunista da Alemanha" [*Forderungen der Kommunistischen Partei in Deutschland*] e organiza o regresso dos membros alemães da Liga dos Comunistas à pátria. Com sua família e com Engels, muda-se em fins de maio para Colônia, onde ambos fundam o jornal *Neue Rheinische Zeitung* [Nova Gazeta Renana], cuja primeira edição é publicada em 1º de junho com o subtítulo *Organ der Demokratie*. Marx começa a dirigir a Associação Operária de Colônia e acusa a burguesia alemã de traição. Proclama o terrorismo revolucionário como único meio de amenizar "as dores de parto" da nova sociedade. Conclama ao boicote fiscal e à resistência armada.

1849   Marx e Engels são absolvidos em processo por participação nos distúrbios de Colônia (ataques a autoridades publicados no *Neue Rheinische Zeitung*). Ambos defendem a liberdade de imprensa na Alemanha. Marx é convidado a deixar o país, mas ainda publicaria *Trabalho assalariado e capital* [*Lohnarbeit und Kapital*]. O periódico, em difícil situação, é extinto (maio). Marx, em condição financeira precária (vende os próprios móveis para pagar as dívidas), tenta voltar a Paris, mas, impedido de ficar, é obrigado a deixar a cidade em 24 horas. Graças a uma campanha de arrecadação de fundos promovida por Ferdinand Lassalle na Alemanha, Marx se estabelece com a família em Londres, onde nasce Guido, seu quarto filho (novembro).

1850   Ainda em dificuldades financeiras, organiza a ajuda aos emigrados alemães. A Liga dos Comunistas reorganiza as sessões locais e é fundada a Sociedade Universal dos Comunistas Revolucionários, cuja liderança logo se fraciona. Edita em Londres a *Neue Rheinische Zeitung* [Nova Gazeta Renana], revista de economia política, bem como *Lutas de classe na França* [*Die Klassenkämpfe in Frankreich*]. Morre o filho Guido.

1851   Continua em dificuldades, mas, graças ao êxito dos negócios de Engels em Manchester, conta com ajuda financeira. Dedica-se intensamente aos estudos de economia na biblioteca do Museu Britânico. Aceita o convite de trabalho do *New York Daily Tribune*, mas é Engels quem envia os primeiros textos, intitulados "Contrarrevolução na Alemanha", publicados sob a assinatura de Marx. Hermann Becker publica em Colônia o primeiro e único tomo dos *Ensaios escolhidos de Marx*. Nasce Francisca (28 de março), quinta de seus filhos.

1852   Envia ao periódico *Die Revolution*, de Nova York, uma série de artigos sobre *O 18 de brumário de Luís Bonaparte* [*Der achtzehnte Brumaire des Louis Bonaparte*]. Sua proposta de dissolução da Liga dos Comunistas é acolhida. A difícil situação financeira é amenizada com o trabalho para o *New York Daily Tribune*. Morre a filha Francisca, nascida um ano antes.

1853   Marx escreve, tanto para o *New York Daily Tribune* quanto para o *People's Paper*, inúmeros artigos sobre temas da época. Sua precária saúde o impede de voltar aos estudos econômicos interrompidos no ano anterior, o que faria somente em 1857. Retoma a correspondência com Lassalle.

1854   Continua colaborando com o *New York Daily Tribune*, dessa vez com artigos sobre a revolução espanhola.

1855   Começa a escrever para o *Neue Oder Zeitung*, de Breslau, e segue como colaborador do *New York Daily Tribune*. Em 16 de janeiro, nasce Eleanor, sua sexta filha, e em 6 de abril morre Edgar, o terceiro.

1856   Ganha a vida redigindo artigos para jornais. Discursa sobre o progresso técnico e a revolução proletária em uma festa do *People's Paper*. Estuda a história e a civilização dos povos eslavos. A esposa Jenny recebe uma herança da mãe, o que permite que a família mude para um apartamento mais confortável.

CRONOLOGIA 169

1857 Retoma os estudos sobre economia política, por considerar iminente nova crise econômica europeia. Fica no Museu Britânico das nove da manhã às sete da noite e trabalha madrugada adentro. Só descansa quando adoece e aos domingos, nos passeios com a família em Hampstead. O médico o proíbe de trabalhar à noite. Começa a redigir os manuscritos que viriam a ser conhecidos como *Grundrisse der Kritik der Politischen Ökonomie* [Esboços de uma crítica da economia política], e que servirão de base à obra *Para a crítica da economia política* [*Zur Kritik der Politischen Ökonomie*]. Escreve a célebre *Introdução de 1857*. Continua a colaborar no *New York Daily Tribune*. Escreve artigos sobre Jean-Baptiste Bernadotte, Simón Bolívar, Gebhard Blücher e outros na *New American Encyclopaedia* [Nova Enciclopédia Americana]. Atravessa um novo período de dificuldades financeiras e tem um novo filho, natimorto.

1858 O *New York Daily Tribune* deixa de publicar alguns de seus artigos. Marx dedica-se à leitura de *Ciência da lógica* [*Wissenschaft der Logik*] de Hegel. Agravam-se os problemas de saúde e a penúria.

1859 Publica em Berlim *Para a crítica da economia política*. A obra só não fora publicada antes porque não havia dinheiro para postar o original. Marx comentaria: "Seguramente é a primeira vez que alguém escreve sobre o dinheiro com tanta falta dele". O livro, muito esperado, foi um fracasso. Nem seus companheiros mais entusiastas, como Liebknecht e Lassalle, o compreenderam. Escreve mais artigos no *New York Daily Tribune*. Começa a colaborar com o periódico londrino *Das Volk*, contra o grupo de Edgar Bauer. Marx polemiza com Karl Vogt (a quem acusa de ser subsidiado pelo bonapartismo), Blind e Freiligrath.

1860 Vogt começa uma série de calúnias contra Marx, e as querelas chegam aos tribunais de Berlim e Londres. Marx escreve *Herr Vogt* [Senhor Vogt].

1861 Enfermo e depauperado, Marx vai à Holanda, onde o tio Lion Philiph concorda em adiantar-lhe uma quantia, por conta da herança de sua mãe. Volta a Berlim e projeta com Lassalle um novo periódico. Reencontra velhos amigos e visita a mãe em Trier. Não consegue recuperar a nacionalidade prussiana. Regressa a Londres e participa de uma ação em favor da libertação de Blanqui. Retoma seus trabalhos científicos e a colaboração com o *New York Daily Tribune* e o *Die Presse* de Viena.

1862 Trabalha o ano inteiro em sua obra científica e encontra-se várias vezes com Lassalle para discutirem seus projetos. Em suas cartas a Engels, desenvolve uma crítica à teoria ricardiana sobre a renda da terra. O *New York Daily Tribune*, justificando-se com a situação econômica interna norte-americana, dispensa os serviços de Marx, o que reduz ainda mais seus rendimentos. Viaja à Holanda e

170 MARX, ESSE DESCONHECIDO

a Trier, e novas solicitações ao tio e à mãe são negadas. De volta a Londres, tenta um cargo de escrevente da ferrovia, mas é reprovado por causa da caligrafia.

1863   Marx continua seus estudos no Museu Britânico e se dedica também à matemática. Começa a redação definitiva de *O capital* [*Das Kapital*] e participa de ações pela independência da Polônia. Morre sua mãe (novembro), deixando-lhe algum dinheiro como herança.

1864   Malgrado a saúde, continua a trabalhar em sua obra científica. É convidado a substituir Lassalle (morto em duelo) na Associação Geral dos Operários Alemães. O cargo, entretanto, é ocupado por Becker. Apresenta o projeto e o estatuto de uma Associação Internacional dos Trabalhadores, durante encontro internacional no Saint Martin's Hall de Londres. Marx elabora o Manifesto de Inauguração da Associação Internacional dos Trabalhadores.

1865   Conclui a primeira redação de *O capital* e participa do Conselho Central da Internacional (setembro), em Londres. Marx escreve *Salário, preço e lucro* [*Lohn, Preis und Profit*]. Publica no *Sozial-Demokrat* uma biografia de Proudhon, morto recentemente. Conhece o socialista francês Paul Lafargue, seu futuro genro.

1866   Apesar dos intermináveis problemas financeiros e de saúde, Marx conclui a redação do primeiro livro de *O capital*. Prepara a pauta do primeiro Congresso da Internacional e as teses do Conselho Central. Pronuncia discurso sobre a situação na Polônia.

1867   O editor Otto Meissner publica, em Hamburgo, o primeiro volume de *O capital*. Os problemas de Marx o impedem de prosseguir no projeto. Redige instruções para Wilhelm Liebknecht, recém-ingressado na Dieta prussiana como representante social-democrata,

1868   Piora o estado de saúde de Marx, e Engels continua ajudando-o financeiramente. Marx elabora estudos sobre as formas primitivas de propriedade comunal, em especial sobre o *mir* russo. Corresponde-se com o russo Danielson e lê Dühring. Bakunin se declara discípulo de Marx e funda a Aliança Internacional da Social-Democracia. Casamento da filha Laura com Lafargue.

1869   Liebknecht e Bebel fundam o Partido Operário Social-Democrata alemão, de linha marxista. Marx, fugindo das polícias da Europa continental, passa a viver em Londres, com a família, na mais absoluta miséria. Continua os trabalhos para o segundo livro de *O capital*. Vai a Paris sob nome falso, onde permanece por algum tempo na casa de Laura e Lafargue. Mais tarde, acompanhado da filha Jenny, visita Kugelmann em Hannover. Estuda russo e a história da Irlanda. Corresponde-se com De Paepe sobre o proudhonismo e concede uma entrevista ao sindicalista Haman sobre a importância da organização dos trabalhadores.

CRONOLOGIA 171

1870 Continua interessado na situação russa e em seu movimento revolucionário. Em Genebra, instala-se uma seção russa da Internacional, na qual se acentua a oposição entre Bakunin e Marx, que redige e distribui uma circular confidencial sobre as atividades dos bakunistas e sua aliança. Redige o primeiro comunicado da Internacional sobre a guerra franco-prussiana e exerce, a partir do Conselho Central, uma grande atividade em favor da República francesa. Por meio de Serrailler, envia instruções para os membros da Internacional presos em Paris. A filha Jenny colabora com Marx em artigos para *A Marselhesa* sobre a repressão dos irlandeses por policiais britânicos

1871 Atua na Internacional em prol da Comuna de Paris. Instrui Frankel e Varlin e redige o folheto *Der Bürgerkrieg in Frankreich* [*A guerra civil na França*]. É violentamente atacado pela imprensa conservadora. Em setembro, durante a Internacional em Londres, é reeleito secretário da seção russa. Revisa o primeiro volume de *O capital* para a segunda edição alemã.

1872 Acerta a primeira edição francesa de *O capital* e recebe exemplares da primeira edição russa, lançada em 27 de março. Participa dos preparativos do V Congresso da Internacional em Haia, quando se decide a transferência do Conselho Geral da organização para Nova York. Jenny, a filha mais velha, casa-se com o socialista Charles Longuet.

1873 Impressa a segunda edição de *O capital* em Hamburgo. Marx envia exemplares a Darwin e Spencer. Por ordens de seu médico, é proibido de realizar qualquer tipo de trabalho.

1874 Negada a Marx a cidadania inglesa, "por não ter sido fiel ao rei". Com a filha Eleanor, viaja a Karlsbad para tratar da saúde numa estação de águas.

1875 Continua seus estudos sobre a Rússia. Redige observações ao Programa de Gotha, da social-democracia alemã.

1876 Continua o estudo sobre as formas primitivas de propriedade na Rússia. Volta com Eleanor a Karlsbad para tratamento.

1877 Marx participa de campanha na imprensa contra a política de Gladstone em relação à Rússia e trabalha no segundo volume de *O capital*. Acometido novamente de insônias e transtornos nervosos, viaja com a esposa e a filha Eleanor para descansar em Neuenahr e na Floresta Negra.

1878 Paralelamente ao segundo volume de *O capital*, Marx trabalha na investigação sobre a comuna rural russa, complementada com estudos de geologia. Dedica-se também à *Questão do Oriente* e participa de campanha contra Bismarck e Lothar Bücher.

1879 Marx trabalha nos volumes II e III de *O capital*.

172 MARX, ESSE DESCONHECIDO

1880 Elabora um projeto de pesquisa a ser executado pelo Partido Operário francês. Torna-se amigo de Hyndman. Ataca o oportunismo do periódico *Sozial-Demokrat* alemão, dirigido por Liebknecht. Escreve as *Randglossen zu Adolph Wagners Lehrbuch der politischen Ökonomie* [Glosas marginais ao 'Tratado de economia política' de Adolfo Wagner]. Bebel, Bernstein e Singer visitam Marx em Londres.

1881 Prossegue os contatos com os grupos revolucionários russos e mantém correspondência com Zasulitch, Danielson e Nieuwenhuis. Recebe a visita de Kautsky. Jenny, sua esposa, adoece. O casal vai a Argenteuil visitar a filha Jenny e Longuet. Morre Jenny Marx.

1882 Continua as leituras sobre os problemas agrários da Rússia. Acometido de pleurisia, visita a filha Jenny em Argenteuil. Por prescrição médica, viaja pelo Mediterrâneo e pela Suíça. Lê sobre física e matemática.

1883 A filha Jenny morre em Paris (janeiro). Deprimido e muito enfermo, com problemas respiratórios, Marx morre em Londres, em14 de março. É sepultado no Cemitério de Highgate.

OBRAS DE MARX*

A diferença entre a filosofia da natureza de Demócrito e a de Epicuro. Trad. Nélio Schneider, São Paulo, Boitempo, 2018.

A guerra civil dos Estados Unidos. **Trad.** Luiz Felipe Osório e Murillo van der Laan. São Paulo, Boitempo, 2022.

A guerra civil na França. Trad. Rubens Enderle, São Paulo, Boitempo, 2011.

A ideologia alemã: crítica da mais recente filosofia alemã em seus representantes Feuerbach, B. Bauer e Stirner, e do socialismo alemão em seus diferentes profetas (18451846). Trad. Rubens Enderle, Nélio Schneider e Luciano Cavini Martorano, São Paulo, Boitempo, 2007.*

A sagrada família ou A crítica da Crítica crítica contra Bruno Bauer e consortes. Trad. Marcelo Backes, São Paulo, Boitempo, 2003.*

As lutas de classes na França de 1848 a 1850. Trad. Nélio Schneider, São Paulo, Boitempo, 2012.

Cadernos de Paris & Manuscritos econômico-filosóficos. Trad. José Paulo Netto e Maria Antónia Pacheco, São Paulo, Expressão Popular, 2015.

Capítulo VI (inédito). Trad. Ronaldo Vielmi Fortes, São Paulo, Boitempo, 2023.

Crítica da filosofia do direito de Hegel. Trad. Rubens Enderle e Leonardo de Deus, São Paulo, Boitempo, 2005.

Crítica do Programa de Gotha. Trad. Rubens Enderle, São Paulo, Boitempo, 2012.

Escritos ficcionais: Escorpião e Félix/Oulanem. Trad. Claudio Cardinali, Flávio Aguiar e Tercio Redondo, São Paulo, Boitempo, 2018.

Grundrisse: manuscritos econômicos de 1857-1858. Esboços da crítica da economia política. Trad. Mario Duayer e Nélio Schneider, com a colaboração de Alice Helga Werner e Rudiger Hoffman, São Paulo/Rio de Janeiro, Boitempo/Editora UFRJ, 2011.

---

* Obras com asterisco foram escritas em parceria com Friedrich Engels. (N. E.)

174 MARX, ESSE DESCONHECIDO

Lutas de classes na Alemanha. Trad. Nélio Schneider, São Paulo, Boitempo, 2010.*

Lutas de classes na Rússia. Trad. Nélio Schneider, São Paulo, Boitempo, 2013 (com David Riazanov).

Manifesto Comunista. Trad. Álvaro Pina e Ivana Jinkings, São Paulo, Boitempo, 1998.

Manifesto do Partido Comunista. Trad. Sérgio Tellaroli, São Paulo, Penguin, 2012.*

Manuscritos econômico-filosóficos. Trad. Jesus Ranieri, São Paulo, Boitempo, 2004.

Miséria da filosofia. Trad. José Paulo Netto, São Paulo, Boitempo, 2017.

O 18 de Brumário de Luís Bonaparte. Trad. Nélio Schneider, São Paulo, Boitempo, 2011.

O capital: crítica da economia política, Livro I: O processo de produção do capital. Trad. Rubens Enderle, 2. ed., São Paulo, Boitempo, 2011.

O capital: crítica da economia política, Livro II: O processo de circulação do capital. Trad. Rubens Enderle, São Paulo, Boitempo, 2014.

O capital: crítica da economia política, Livro III: O processo global da produção capitalista. Trad. Rubens Enderle, São Paulo, Boitempo, 2017.

Os despossuídos: debates sobre a lei referente ao furto de madeira. Trad. Nélio Schneider, São Paulo, Boitempo, 2017.

Para a crítica da economia política: manuscrito de 1861-1863 (cadernos I a V) – *Terceiro Capítulo*: o capital em geral. Trad. Leonardo de Deus, Belo Horizonte, Autêntica, 2010.

Sobre a questão judaica. Trad. Nélio Schneider, São Paulo, Boitempo, 2010.

Sobre o suicídio. Trad. Rubens Enderle e Francisco Fontanella, São Paulo, Boitempo, 2006.

Teorias da mais-valia: história crítica do pensamento econômico, v. I. Trad. Reginaldo Sant'Anna, Rio de Janeiro, Civilização Brasileira, 1980.

Teorias da mais-valia: história crítica do pensamento econômico, v. II. Trad. Reginaldo Sant'Anna. São Paulo, Difel, 1983.

Teorias da mais-valia: história crítica do pensamento econômico,. v. III. Trad. Reginaldo Sant'Anna, São Paulo, Difel, 1985.

Últimos escritos econômicos: manuscrito de 1879-1880. Trad. Hyury Pinheiro, São Paulo, Boitempo, 2020.

BIBLIOGRAFIA SUGERIDA

ALTHUSSER, Louis et al. *Ler O capital*. Trad. Nathanael C. Caixeiro. Rio de Janeiro, Zahar, 1979-1980, 2 v.

ALTHUSSER, Louis. *Freud e Lacan. Marx e Freud*. Trad. Jorge Sá Earp. Rio de Janeiro, Graal, 1985.

ANDERSON, Kevin. *Marx nas margens:* nacionalismo, etnias e sociedades não ocidentais. Trad. Allan Hillani e Pedro Davoglio, São Paulo, Boitempo, 2019.

ARICÓ, José. *Marx e a América Latina*. Trad. Maria Celeste Marcondes. São Paulo, Paz eTerra, 1982.

ARON, Raymond. *O marxismo de Marx*. Trad. Jorge Bastos. São Paulo, ARX, 2004.

BARATA-MOURA, José. *Marx e a crítica da "Escola Histórica do Direito"*. Lisboa, Caminho, 1994.

BEDESCHI, Giuseppe. *Marx*. Lisboa, Edições 70, 1989.

BENJAMIN, César (org.). *Marx e o socialismo*. São Paulo, Expressão Popular, 2003.

BENSAÏD, Daniel. *Marx, o intempestivo*. Trad. Luiz Cavalcanti de M. Guerra. Rio de Janeiro, Civilização Brasileira, 1999.

BOTTIGELLI, Émile. *A gênese do socialismo científico*. São Paulo, Mandacaru, 1989.

BOTTOMORE, Thomas Burton (org.). *Karl Marx*. Rio de Janeiro, Zahar, 1981.

BUEY, Francisco Fernández. *Marx (sem ismos)*. Rio de Janeiro, Editora UFRJ, 2004.

CALVEZ, Jean-Yves. *O pensamento de Karl Marx*. Porto, Tavares Martins, 1962.

CHASIN, J. *Marx*: estatuto ontológico e resolução metodológica. São Paulo, Boitempo, 2009.

D'HONDT, Jacques et al. *A lógica em Marx*. Lisboa, Iniciativas Editoriais, 1978.

DUARTE, Rodrigo Antonio de Paiva. *Marx e a natureza em O capital*. São Paulo, Loyola, 1986.

ENGELS, Friedrich. *A origem da família, da propriedade privada e do Estado*. Trad. Nélio Schneider. São Paulo, Boitempo, 2019.

176 MARX, ESSE DESCONHECIDO

FAUSTO, Ruy. *Marx: lógica e política*: investigações para uma reconstituição do sentido da dialética. São Paulo, Brasiliense, 1983-1987, t. I-II; São Paulo, Editora 34, 2002, t. III.

FEDOSSEIEV, P. N. et al. *Karl Marx: biografia*. Lisboa/Moscou, Avante!/Progresso, 1983.

FERNANDES, Florestan. "Introdução". In: FERNANDES, Florestan (org.). *Marx/Engels:* História. São Paulo, Ática, 1983, coleção "Grandes cientistas sociais", v. 36.

FETSCHER, Iring. *Karl Marx e os marxismos*. Trad. Heidrun Mendes da Silva. São Paulo, Paz e Terra, 1970.

FLICKINGER, Hans-Georg. *Marx e Hegel*: o porão de uma filosofia social. Porto Alegre, L&PM, 1986.

FOSTER, John Bellamy. *A ecologia de Marx*: materialismo e natureza. Trad. Maria Teresa Machado. Rio de Janeiro, Civilização Brasileira, 2005.

FOUGEYROLLAS, Pierre. *Marx*. Trad. Lólio Lourenço de Oliveira. São Paulo, Ática, 1989.

FREDERICO, Celso. *O jovem Marx*: 1843-1844, as origens da ontologia do ser social. São Paulo, Expressão Popular, 2010.

FROMM, Erich. *Conceito marxista do homem*. Trad. Octavio Alves Velho. Rio de Janeiro, Zahar, 1979.

GABRIEL, Mary. *Amor e capital:* a saga familiar de Karl Marx e a história de uma revolução. Trad. Alexandre Barbosa de Souza. Rio de Janeiro, Zahar, 2013.

GARAUDY, Roger. *Karl Marx*. Trad. Moacir Palmeira. Rio de Janeiro, Zahar, 1967.

GIANNOTTI, José Arthur. *Origens da dialética do trabalho*. São Paulo, Difel, 1966.

_____. *Certa herança marxista*. São Paulo, Companhia das Letras, 2000.

_____. *Marx: vida e obra*. Porto Alegre, L&PM, 2000.

GRESPAN, Jorge. *O negativo do capital*. São Paulo, Expressão Popular, 2012.

_____. *Marx e a crítica do modo de representação capitalista*, São Paulo, Boitempo, 2019.

HARVEY, David. *Para entender* O capital, Livro I. Trad. Rubens Enderle, São Paulo, Boitempo, 2013.

_____. *Para entender* O capital, Livros II e III. Trad. Rubens Enderle, São Paulo, Boitempo, 2014.

HEINRICH, Michael. *Karl Marx e o nascimento da sociedade moderna*. Trad. Claudio Cardinali, São Paulo, Boitempo, 2018.

HOBSBAWM, Eric John. "Introdução". In: MARX, Karl. *Formações econômicas pré-capitalistas*. Trad. João Maia. São Paulo, Paz e Terra, 1977.

JACKSON, John Hampden. *Marx, Proudhon e o socialismo europeu*. Trad. Waltensir Dutra. Rio de Janeiro, Zahar, 1963.

KONDER, Leandro. *Karl Marx: vida e obra*. São Paulo, Paz e Terra, 1976.

_____. *A questão da ideologia*. São Paulo, Companhia das Letras, 2002.

_____. *Em torno de Marx*, São Paulo, Boitempo, 2010.

LABICA, Georges. *As "Teses sobre Feuerbach" de Karl Marx*. Trad. Arnaldo Marques. Rio de Janeiro, Zahar, 1990.

BIBLIOGRAFIA SUGERIDA 177

LÁPINE, Nicolai. *O jovem Marx.* Lisboa, Caminho, 1983.

LEFEBVRE, Henri. *Para compreender o pensamento de Karl Marx.* Lisboa, Edições 70, 1975.

_____. *Sociologia de Marx.* Trad. Carlos Roberto Alves Dias. Rio de Janeiro, Forense, 1979.

LOSURDO, Domenico. *Marx, Hegel e a tradição liberal:* liberdade, igualdade e Estado. Trad. Carlos Alberto Fernando Nicola Dastoli, São Paulo, Unesp, 1998.

LÖWY, Michael. *A teoria da revolução no jovem Marx.* Trad. Anderson Gonçalves, São Paulo, Boitempo, 2012.

LUKÁCS, György. "O debate sobre o *Sickingen* de Lassalle". In: *Marx e Engels como historiadores da literatura.* Porto, Nova Crítica, s.d.

_____. "Introdução aos escritos estéticos de Marx e Engels". In: *Ensaios sobre literatura.* Trad. Leandro Konder. Rio de Janeiro, Civilização Brasileira, 1965.

_____. "O jovem Marx. Sua evolução filosófica de 1840 a 1844". In: *O jovem Marx e outros escritos de filosofia.* Trad. Carlos Nelson Coutinho e José Paulo Netto. Rio de Janeiro, Editora UFRJ, 2007.

_____. "Marx e o problema da decadência ideológica". In: *Marxismo e teoria da literatura.* Trad. Carlos Nelson Coutinho. São Paulo, Expressão Popular, 2010.

MANDEL, Ernest. *A formação do pensamento econômico de Karl Marx:* de 1843 até a redação de *O capital.* Trad. Carlos Henrique Escobar, Rio de Janeiro, Zahar, 1968.

MARKUS, György. *Teoria do conhecimento no jovem Marx.* Trad. Carlos Nelson Coutinho. São Paulo, Paz e Terra, 1974.

MARX, Karl. *Crítica da filosofia do direito de Hegel (1843).* Trad. Rubens Enderle e Leonardo de Deus. São Paulo, Boitempo, 2005.

_____. *Contribuição à crítica da economia política (1859).* 2. ed. Trad. e intr. Florestan Fernandes. São Paulo, Expressão Popular, 2008.

_____. *A guerra civil na França (1871).* Trad. Rubens Enderle. São Paulo, Boitempo, 2011.

_____. *Crítica do Programa de Gotha* (1875/1891). Trad. Rubens Enderle. São Paulo, Boitempo, 2012.

_____. Resumo crítico de Estatismo e Anarquia, de Mikhail Bakunin (1874) (Excertos). In: MARX, Karl. *Crítica do Programa de Gotha.* Trad. Rubens Enderle. São Paulo, Boitempo, 2012.

_____. Carta a Vera Zasulitch. Primeiro esboço (1881). In: MARX, Karl; ENGELS, Friedrich. *Lutas de classes na Rússia.* Trad. Nélio Schneider. São Paulo, Boitempo, 2013.

_____. Carta a Vera Zasulitch. Segundo esboço (1881). In: MARX, Karl; ENGELS, Friedrich. *Lutas de classes na Rússia.* Trad. Nélio Schneider. São Paulo, Boitempo, 2013.

_____. Carta a Vera Zasulitch. Terceiro esboço (1881). In: MARX, Karl; ENGELS, Friedrich. *Lutas de classes na Rússia.* Trad. Nélio Schneider. São Paulo, Boitempo, 2013.

_____. Carta de Karl Marx a Vera Ivanovna Zasulitch (1881). In: MARX, Karl. *O capital: crítica da economia política.* Livro I: O processo de produção do capital (1867). Trad. Rubens Enderle. São Paulo, Boitempo, 2013.

178 MARX, ESSE DESCONHECIDO

_____. *O capital: crítica da economia política*. Livro I: O processo de produção do capital. Trad. Rubens Enderle. São Paulo, Boitempo, 2013.

_____. *Grundrisse. Manuscritos econômicos de 1857-1858:* esboços da crítica da economia política. Trad. Mario Duayer e Nélio Schneider. São Paulo, Boitempo, 2015.

_____. *O capital: crítica da economia política*. Livro II: O processo de circulação do capital (1885). Trad. Rubens Enderle. São Paulo, Boitempo, 2015.

_____. *Miséria da filosofia (1847)*. Trad. José Paulo Netto. São Paulo, Boitempo, 2017.

_____. *A guerra civil dos Estados Unidos*. Trad. Luiz Felipe Osório e Murillo van der Laan. São Paulo, Boitempo, 2022.

_____. *Capítulo VI (inédito)*. Trad. Ronaldo Vielmi Fortes, São Paulo, Boitempo, 2023.

MARX, Karl; ENGELS, Friedrich. *Manifesto Comunista (1848)*. Trad. Álvaro Pina e Ivana Jinkings. São Paulo, Boitempo, 1998.

_____. Prefácio à edição russa de 1882. In: _____. *Manifesto Comunista*. Trad. Álvaro Pina e Ivana Jinkings. São Paulo, Boitempo, 1998.

_____. *A ideologia alemã (1845-1846)*. Trad. Luciano Cavini Martorano, Nélio Schneider e Rubens Enderle. São Paulo, Boitempo, 2008.

_____. *Lutas de classes na Rússia (1875-1894)*. Org. Michael Löwy. Trad. Nélio Schneider. São Paulo, Boitempo, 2013.

MCLELLAN, David. *Karl Marx: vida e pensamento*. Trad. Jaime A. Clasen. Petrópolis, Vozes, 1990.

MEHRING, Franz. *Karl Marx*. Lisboa, Presença, 1974, 2 v.

MELLO, Alex Fiuza de. *Marx e a globalização*. São Paulo, Boitempo, 1999.

MÉSZÁROS, István. *Para além do capital*. Trad. Paulo César Castanheira e Sérgio Lessa. São Paulo, Boitempo, 2002.

_____. *A teoria da alienação em Marx*. Trad. Nélio Schneider, São Paulo, Boitempo, 2016.

MORAES NETO, Benedito Rodrigues de. *Marx, Taylor, Ford*: as forças produtivas em discussão. São Paulo, Brasiliense, 1989.

MUSTO, Marcello. *A redescoberta de Karl Marx*. Margem Esquerda, São Paulo, Boitempo, n. 13, 2009. p. 51-73.

_____ (org.). *Trabalhadores, uni-vos!* Trad. Rubens Enderle. São Paulo, Boitempo, 2014.

_____. *O velho Marx*: uma biografia de seus últimos anos (1881-1883). Trad. Rubens Enderle, São Paulo, Boitempo, 2018.

NAPOLEONI, Claudio. *Lições sobre o capítulo VI (inédito) de Marx*. Trad. Carlos Nelson Coutinho. São Paulo, Ciências Humanas, 1981.

NAVES, Márcio Bilharinho. *Marx: ciência e revolução*. São Paulo/Campinas, Moderna/Editora da Unicamp, 2000.

NETTO, José Paulo. "Marx, 1843: o crítico de Hegel", "Para ler o *Manifesto do Partido Comunista*" e "1847: Marx contra Proudhon". In: *Marxismo impenitente*: contribuição à história das ideias marxistas. São Paulo, Cortez, 2004.

BIBLIOGRAFIA SUGERIDA 179

NETTO, José Paulo. *Marx, uma biografia*, São Paulo, Boitempo, 2020.

PAULA, João Antonio de (org.). *O ensaio geral*: Marx e a crítica da economia política (1857--1858). Belo Horizonte, Autêntica, 2010.

PINHEIRO, Milton et al (orgs.). *Marx*: intérprete da contemporaneidade. Salvador, Quarteto, 2009.

POGREBINSCHI, Thamy. *O enigma do político*: Marx contra a política moderna. Rio de Janeiro, Civilização Brasileira, 2009.

REICHELT, Helmut. *Sobre a estrutura lógica do conceito de capital em Karl Marx*. Trad. Nélio Schneider, Campinas, Unicamp, 2013.

RIAZANOV, David. *Marx, Engels e a história do movimento operário*. Trad. Antonio Robert. São Paulo, Global, 1984.

ROMERO, Daniel. *Marx e a técnica*: um estudo dos manuscritos de 1861-1863. São Paulo, Expressão Popular, 2005.

ROSDOLSKY, Roman. *Gênese e estrutura de* O capital *de Karl Marx*. Trad. César Benjamin, Rio de Janeiro, Eduerj /Contraponto, 2001.

RUBIN, Isaak Illich. *A teoria marxista do valor*. Trad. José Amaral Filho. São Paulo, Brasiliense, 1980.

SADER, Emir. *Estado e política em Marx*. São Paulo, Boitempo, 2014.

SAID, Edward. *Orientalismo*: o Oriente como invenção do Ocidente. Trad. Rosaura Eichenberg. São Paulo, Companhia das Letras, 2007.

TRINDADE, José Damião de Lima. *Os direitos humanos na perspectiva de Marx e Engels*. São Paulo, Alfa-Omega, 2011.

VÁZQUEZ, Adolfo Sánchez. *Filosofia da práxis*. Trad. Artur Morão. São Paulo, Expressão Popular/Clacso, 2007.

_____. *As ideias estéticas de Marx*. Trad. José Paulo Netto. São Paulo, Expressão Popular, 2011.

ZASULITCH, Vera. Carta a Karl Marx, 16 de fevereiro de 1881. In: MARX, Karl; ENGELS, Friedrich. *Lutas de classes na Rússia*. Trad. Nélio Schneider. São Paulo, Boitempo, 2013. p. 78-80.

SOBRE O AUTOR

Nascido em São Paulo em 1938, Michael Löwy estudou Ciências Sociais na Universidade de São Paulo (USP). Doutorou-se na Sorbonne com uma tese sobre o jovem Marx orientada por Lucien Goldmann. Autor de vários livros, traduzidos em trinta línguas, entre eles *Walter Benjamin: aviso de incêndio* (2005), *A teoria da revolução no jovem Marx* (2012), *A jaula de aço: Max Weber e o marxismo weberiano* (2014) e *A estrela da manhã* (2018), todos editados pela Boitempo. Vive em Paris desde 1969, onde militou na Liga Comunista Revolucionária (seção francesa da Quarta Internacional). Atualmente, é diretor de pesquisas emérito no CNRS (Centre National de la Recherche Scientifique).

ARMAS DA CRÍTICA

O CLUBE DO LIVRO DA **BOITEMPO**

UMA BIBLIOTECA PARA **INTERPRETAR** E **TRANSFORMAR** O MUNDO

Lançamentos antecipados
Receba nossos lançamentos em primeira mão, em versão impressa e digital, sem pagar o frete!

Recebido camarada
Todo mês, uma caixa com um lançamento, um marcador e um brinde. Em duas caixas por ano, as novas edições da Margem Esquerda, revista semestral da Boitempo.

Fora da caixa
Além da caixa, a assinatura inclui uma versão digital do livro do mês*, um guia de leitura exclusivo no Blog da Boitempo, um vídeo antecipado na TV Boitempo e 30% de desconto na loja virtual da Boitempo.

Quando começo a receber?
As caixas são entregues na segunda quinzena de cada mês. Para receber a caixa do mês, é necessário assinar até o dia 15!

FAÇA SUA ASSINATURA EM ARMASDACRITICA.COM.BR

*Para fazer o resgate do e-book, é necessário se cadastrar na loja virtual da Kobo.

Capa da edição brasileira do *Manifesto Comunista*, sobre desenho de Gilberto Maringoni, publicada pela Boitempo em 1998.

Lançado em julho de 2023, este livro faz um oportuno mergulho na obra de Marx, discutindo vários de seus escritos, entre eles o *Manifesto Comunista*, que completa 175 anos de publicação. Ele foi composto em California, corpo 11/14,3 e impresso em papel Pólen Natural 80 g/m², pela gráfica Rettec para a Boitempo, com tiragem de 3 mil exemplares.